# 「今日こそ、会社を辞めてやる」と決める前にやるべき55のこと

岩田松雄
MATSUO IWATA

経済界

# 「今日こそ、会社を辞めてやる」と決める前にやるべき55のこと

# まえがき

最近、私が一番心を痛めていることは、就職活動している学生さんが30社も50社も会社を受けて、すべて落とされていることです。もし私が学生さんの立場なら、心にダメージを負って、自分がなんて小さな存在なのだろうかと思ってしまうのではないか、それを心配しています。

私は、そうした学生さんに「あなたを落とした会社は、人を見る目がないと思いなさい！」と大きな声でエールを送りたいと思います。

若者は私たち大人にとって「宝」です。これから無限の可能性を持ち、この素晴らしい国、日本をもっと素晴らしい国にしてほしいと思っています。

その若者が、自分を全否定されたかのようなつらい経験を通じて、自分を矮小化して考えてほしくないと思っています。

一方そのように苦労して入った会社を、簡単に辞めてしまう若者も多いと聞きます。それは会社を選ぶ余裕がなかったこともありますが、ホッとして次の目標を見いだせないのかも知れません。

私自身、転職を数度繰り返しているのですが、決して転職を勧めるわけでもないし、また一生同じ会社にいなさいとも言いません。

要はあなた自身どんな人生を生きたいのか、どんな価値観（ミッション）を持っているかが一番大切なことで、会社はその手段、場所にしかすぎません。

会社員生活の中でのちょっとした工夫で、仕事が楽しくなったり、自分の夢に近づくことができたらと思ってこの本を書きました。

確かに他人が集まる会社の中で、よりよく生きていこうとすればするほど、多くの悩みや不安が出てきます。自分で解決できるケースもありますが、誰かの知恵を借りたほうがよいこともあります。

私も20代から30代にかけて、さまざまな苦しい、つらい経験を味わいました。

大学を出て最初の就職先である日産自動車のサラリーマン時代、そりの合わない上司によって傍流部門に異動させられたり、納得のいかない評価をされたり、また人間不信になって、ノイローゼ寸前まで追い込まれた経験も持っています。その後も、決して順風満帆だったわけではありません。そんな苦境に陥ったとき、解決に向かう、よりよい方向に向かうヒントとなるようなアドバイスを誰かにもらえたらと思っていました。

あなたが今悩んだり、迷ったりしているのは、あなた自身が自分の人生を真面目に考えて努力している証《あかし》だと思います。私自身「人間は努力する限り迷うものだ」というゲーテの言葉に何度救われてきたことか。

本書では55個の具体的な若者からの相談、悩みなどについて、「今日こそ、会社を辞めてやる！」という方に対して、私が寄り添って聞き、話しかけるつもりで書きました。これだけの内容で十分だとは考えていませんが、苦境を脱し、元気を取り戻すヒントとしてお読みいただければ幸いです。

平成25年3月吉日

**岩田松雄**

もくじ

「今日こそ、会社を辞めてやる」と決める前にやるべき55のこと



第1章

**人間関係の悩み・疑問**

**会社を辞めたくなる原因のほとんどは、上司との関係。私も苦しんだ一人です。**

## 第2章

### ビジネスの世界の悩み・疑問

# いやいや働いていませんか？ 働くことの意味を見出せれば、仕事が俄然、面白くなります。

第3章ビジネス・コミュニケーションへの悩み・疑問

# 思いを伝える「熱意」と相手への「思いやり」があれば、言いたいことは必ず伝わります。

第4章

# 人生で大事なのは能力ではない。自分の存在理由・ミッションを持つことです。

## 自分の生き方への悩み・疑問

# 第5章 根底に「哲学」がないと、経営も人生も近視眼になってしまいます。

## 教養に関する悩み・疑問

装幀／岡孝治
編集協力／（有）エディット・セブン
本文デザイン／（有）ムーブ
カバーイラスト／藤本雅子

# 第1章

## 人間関係の悩み・疑問

# 会社を辞めたくなる
# 原因のほとんどは、
# 上司との関係。
# 私も苦しんだ
# 一人です。

# 知はこれに及べども、仁これを守ることあたわず、これを得るといえども必ずこれを失う

――孔子『論語』より

充分な知識を備えていても、人々を包容していくだけの思いやりがなければ、やがて背かれる。どんなに優秀なリーダーでも、チームがある程度の規模になれば、いかに優秀なマネジメントチームをつくるかが鍵となる。その時、トップに「仁」の心がなければ、人々は離れていく。

はじめに◆人間関係はやっかいで、難しい

# 人間関係の基本は「鏡」。まずは自分自身から見直してみる。

## ◉仕事を左右してしまう

人間関係はやっかいで、難しい。とくに問題は会社内です。上司や同僚といった、ほんのわずか数人の人たちとの関係が、うまくいっている時は会社に行くのが楽しくなるし、逆にぎくしゃくしたりしたら、いちばんの悩みになってしまう。ビジネスマンの幸せ、不幸せに直結しているのがこの「人間関係」です。

人間同士だから当たり前と言えば、その通りでしょう。機械ならばインプットされたら一定のアウトプット（反応）が返ってきますが、人間は感情がありますから、そういうわけにいきません。その時々のムシの居所いかんで、表情や言葉、行動の反応が大きく異なってきます。

それを受け取る側も同様の人間ですから、人間関係がなかなかうまくいかないというのは、当然なのかもしれません。

とはいえ、ビジネスマンの人間関係は、そのまま仕事の成果にも結びつきます。ザ・ボディショップのCEO時代、170を超える店舗別の売上げを毎日見ていましたが、「この店、最近売上げがヘンだな」という店舗を調べると、店長と副店長同士がしっくりいってなかったり、離婚問題を抱えた店長がいたりと、不振の原因が人間関係に行きつくケースがほとんどでした。

## ◉鎧《よろい》を脱ぎ、声をかける

会社勤めをしているからには、身のまわりの5、6名との関係をよくする、少なくとも悪くしない努力はたいへんに重要なことになります。

人間関係の基本は「鏡」のようなものだと思います。私が誰かを「いやな人だな、苦手だな」と思って接すると、相手も私を嫌ったりする。逆に「感じいい人だ、もっと仲良くなりたい」と考えて接すれば、相手も私に好意を抱くし、好きになる。単純ですが、ベースにはそういう鏡の関係があります。

鏡ですから、自分が鎧《よろい》をまとっていると相手も鎧を着てしまう。それではよい人間関係は築けません。

まず自分が鎧を脱ぐ。ありのままの自分を見せる。徐々に自分の本音を伝えていく必要があります。そうすることで相手も本音をさらけ出してくれる。相手の本質的なところに触れて、分かり合える関係になるためには、まず自分の鎧を脱ぎ捨てなくてはなりません。

人間関係ができてくれば、あえて自分の弱みを見せることも、相手との距離を縮めるよい方法かもしれません。

また、「好き」も「嫌い」も自分勝手な思い込みや先入観に左右されることが多い。私もはじめて会う人に、つい先入観を持ってしまいがちです。

しかし「この人とは合わないな」と思っていたのに、話をしていくうちに、意外に気が合って、分かり合えたりする場合もある。表面的な第一印象だけで抱いた先入観は、判断を狂わせます。

先入観は、できるだけ持たないほうがいい。

もう一つ、よき人間関係を築くためには、声をかけること。

これが大切です。

「おはようございます」でも、「お疲れ様です!」でも、「元気?」でも、何でもいいのです。挨拶の元の意味は、「挨」も「拶」も、直接の意味はぴったりとぶつかる、すれ合うということ。だから相手のことをよく観察してピタリとはまる声のかけ方をしなくてはなりません。

声をかけることが人と人の間の潤滑油になります。ちょっとした挨拶や声がけを続けていると、人間は必ず互いに好意を持ち合います。

内容のある会話をしなくても、少しずつ距離が縮まって、分かり合えた気分になります。

会社を辞めたくなる原因のほとんどは、
上司との関係。私も苦しんだ一人です。

01

尊敬できない、イヤな性格の上司と、どう付き合う？

# たった2年間だと思い、我慢する覚悟で、よくよく彼を観察してみなさい。

## ◉私もノイローゼ寸前に追い込まれた

サラリーマンは上司を選べない。冷酷な事実ですが、上司の影響はとても大きい。上司によって会社生活が楽しいかどうか決まります。ただあなたに期待している上司で、あなたに対する要求水準が高いというだけなら、たとえ強烈にしごかれても、「鍛えてもらっている」と考えることができます。しかし、人の手柄を採り上げたり、責任をなすりつけたりする、人間として尊敬できない上司などの下に配属されたら、当人にとっては地獄です。サラリーマンがうつ病になるのは、多くの場合ウマの合わない上司が原因だと思います。

イヤな上司にいじめられて「今日こそ、会社を辞めてやる」と思っても、今のご時世、困難な再就職のことを考えると簡単に決断はできません。追い詰められる一方です。

ほかならぬ私自身、サラリーマン時代に上司との関係がもとで、ノイローゼ寸前まで追い詰められた経験があります。

社内留学制度に合格後、日常業務に、留学のための勉強が重なって忙しくしていたのですが、たまたま異動してきた部長、課長との波長が合いませんでした。またすぐ上の係長も上には徹底的に媚び、下には偉そうにする、絵にかいたようなヒラメ型の上司でした。どこにでもいるタイプかもしれませんが……。

具体的な例を一つ出すと、課長が私にとてもわかりにくい抽象的な話をしました。よく理解できません。キョトンとしています。すると課長は係長に「○○係長、わかるでしょう?」と尋ねます。係長は「こんなこともわからないのか」といった表情で私を見ながら、即座に「はい。わかります」と答えます。

ところが課長が立ち去ってから、係長に「課長の話、私はよくわかりませんでしたが、どういうことですか」と聞くと、「俺にもよくわからん」と言うのです。

こうしたことが繰り返されるうちに、上司への信頼感、いや、人としての信頼感は、ガラガラと崩れていきました。さらに以前の上司は留学を後押ししてくれたのですが、新しい部長は「なぜ岩田なんかを留学させるのだ」と陰に陽に仕事へのプレッシャーをかけてきました。通常、留学準備のために仕事は減らされるはずなのに、どんどん新しい仕事が降ってきたのです。

留学のための英語の準備は進まない、仕事はどんどん増える。それで自分自身壊れてしまいました。食べれない、寝れない、いつも吐き気がしたり、心臓がドキドキしたり、ノイローゼ一歩手前まで追い詰められました。留学という大きなチャンスが目の前にあるため、この悪い状況から逃れることはできなかったのです。

## ◉朝のこない夜はない

あのサラリーマン時代から、私も多くの経験を積みました。現在の私ならノイローゼになることなく、あのヒラメ型上司との付き合い方も思いつきます。

現在、イヤな上司のもとで日々、悩んでいるあなたには、次の3つの考え方をお勧めします。

一つは「朝のこない夜はない」と腹をくくることです。今の悩みは期間限定だということです。日本の企業では、だいたい3、4年で人事異動があります。あなたが動くか、上司が異動するか、どちらかが3、4年で動くとしたら、確率的には2年くらいで離れることができるということです。

一生、この上司の下で仕事をしていくのかと考えてしまうと、「辞めようか」となりますが、いやいや一時期のものだ、少なくとも永遠の苦しみではないと考えれば気が楽になる。辞表を書く必要もありません。

とりあえず上司のことを考えないために、意識を他に向け、資格取得に挑戦しても、専門知識を磨いてもいい。嵐が過ぎるのを待ち、他のことに集中しているうちに、必ず異動の時期がやってきます。

## ◉小説の登場人物として客観視

次の方策は、イヤな人たちを小説の登場人物みたいに見て、客観視してしまうことです。人物観察をするのです。

なんでこの人たちは、こんなに性格が悪くなってしまったのだろうか？　家庭環境なのか？　何かトラウマがあるのか？　とあれこれ想像してみるのです。一流大学を出て自分は頭がよいと信じ込んで、年上の人に対しても、常に上から目線。敬語もまともに使えない。そうかと思うと別の人はエリート官僚出身で、会社のため、お国のためと言いながら、考えているのは自分の出世と保身だけ。馬《ば》車馬《しゃうま》のように猛烈に働き、平気で部下には夜遅く、明朝一番の仕事を命令する。部下は皆疲弊してしまい、その屍《しかばね》の上に実績をあげようとする。

　私はそのような人を最初どうしても許せませんでした。顔も見たくない、関わりを持たないようにしていました。でもちょっと引いて、その人たちの考え方、性格、言動を観察することにしました。すると観察することが面白くなったのです。あとは、その人の部下の人に「○○さんも、たいへんだね」とか「適当にすればいいからね」とか一声をかけてあげて、自分のように若い人が追い込まれてノイローゼにならないよう気遣ってあげていました。客観視には心を平静にし、余裕を生む効果が間違いなくあります。

### ◉よいところを探して、認めてあげる

イヤな上司との付き合い方の究極的な方法は、そんな上司でもよいところが一

つくらいあるだろうと、探してあげることです。好きになるまでにはいかないでしょうが、「ひどい奴だけど、ここは見習うところかな」と、認めるだけで気持ちに余裕が生まれるものです。あの人に、よいところがあるだろうかなどと突き放さないでください。必ずどこかによいところはあるはずです。報告書がきれいだったり、難しいビジネス用語を使いこなしたり、時間にとても几帳面だったり。それを認めてあげるようにしてください。

私はひたすら上にへつらう出世主義者が大嫌いなのですが、実は見かけによらず、大きな志を持っているかもしれません。しかるべきタイミングで言うべきことを言い、やるべきことをする人間かもしれません。たとえば、明治維新の英《えい》傑《けつ》・大久保利通《おおくぼとしみち》です。藩主の島津久光《しまづひさみつ》を嫌って島流しに遭う西郷隆盛《さいごうたかもり》と異なり、大久保利通は久光に接近。囲碁相手として信任を得、やがて一蔵の名を賜るまでになります。つまりは出世して実権を獲得するまでは、へつらうこともいとわない政略家で、権力を握ってからは思い通りに日本のために政治を進めた人物です。

そう考えれば、「自分の志を達成するための芝居」と同情すら湧いてきます。

会社を辞めたくなる原因のほとんどは、上司との関係。私も苦しんだ一人です。

02

自分勝手で無責任なリーダーに困ってます

# どうしようもない上司には、冷静に、最後の手段で対抗する。

## ◉「斜め上司」に相談しては?

年功序列や口先だけで偉くなった人が上司に就《つ》くと、つらいのは部下です。思いつきで動く人には振り回されるし、舌足らずな、説明の足らない指示を出す上司には困惑させられるばかり。とてもストレスが溜まります。

一日も早く事態を改善しないといけない。しかし、相手は上司です。自分が状況をコントロールできるわけではありません。部下としての対応を工夫する必要があります。

直属の上司にかかわる相談は、その上司と同クラスの上司たち(私は「斜め上司」と呼びますが)、その中で信頼のおける人に相談してみるのもひとつの方法です。こうした相談ができるためには、ふだんから斜め上司とも良好な人間関係をつくっておかなくてはなりません。「実はこういうことがあるのですが」と相談すれば、理不尽な指示が出てきた背景やら、会社の事情やらを話してもらえるかもしれないし、あるいは、「彼はいろいろと問題があるようだけど、実はあと数カ月で異動するはずだよ」という話になるかもしれません。

## ◉事実と感情を混同しない

斜め上司に相談する際、留意しておかなくてはならないことがあります。事実と自分の感情を混同しないことです。「こういうことがあった」「こういう指示が出た」というのは事実です。まず、この事実は正確に伝えなくてはなりません。

その際に、事実に対するあなたの感情や好悪《こうお》、善悪の判断、これらは相談の中に混同しないことです。「こういうことがあった、間違っている、許せない」の後段は余計です。許せないのは、あなたの感情であり、事実ではありません。また抽象的な表現でなく、具体的に。「人として許せない」と言うのではなく、「お前なんか辞めてしまえと言われた」とありのままを伝える。具体的な事実が、いちばん強い。事実だけを具体的に淡々と伝える。その上で、「上司は間違っていると思いますが、どうでしょうか」と相手の判断にゆだねる。これが大切なポイントです。

事実を記録に残しておくという手もあります。できるだけ詳細に、事実を書き記しておく。そうして、どうしてもこの上司にはついていけないとなったならば、しかるべき幹部に会って事実を伝えて、「だから、別部署に異動したい」と直訴する。こうした訴えであれば、即却下、とはなりにくいでしょう。

相手が不適切なリーダーなのですから、こちらも非常手段を取らざるを得ないのですが、それだからこそ事実の積み重ねという冷静な方法を貫くべきです。

## ◉指示内容はメールで確認

指示が思いつきでくるくる変わる上司には、指示を受けた際に、確認のメールを送るのが有効です。「先ほどご指示いただいた件は、次のようなことと理解いたしましたが、よろしいでしょうか。ご確認いただきたいと思います」と。メールという形で残すので上司も「そんなこと言ったかな」とはいきません。上司にもう一度考えるチャンスを与えているわけですから、メールで事実を記録しておくことは、たいへん親切な方法でもあります。

## ◉電話線リーダーはいらない！

無責任で仕事を部下に垂れ流す上司もいます。私がある会社の社長をしていた時に、役員に注意したことがあります。たとえば、一つの調査を彼に頼みます。すると、すぐに「何々という者に報告させます」とメールが返ってくるだけなのです。要は、私からの指示をこの役員は部下に振っているだけです。私からの言葉を上から下に部下に伝えて、いつも報告を部下にさせようとしている。これは間違っていると私は思い、何度か呼び出して注意しました。

「実際に調査を担当するのは、むろんあなたの部下の担当者でいい。しかし、彼がきちんと私の指示通りの調査をしたかどうかについては、あなたに責任がある。あなたはその内容を確認したうえで、私に自分と一緒に報告させるべきでしょう。あなたはアカウンタビリティ（説明責任）を果たしていない」

リーダーは、仕事を垂れ流してはいけません。このような電話線のようなリーダーは必要ありません。

03

部下の「やる気」を殺ぐリーダーにはなりたくない

# 上に立つのが不適当な上司と、リーダーになってほしい上司のこれだけの差。

## ◉相手によって態度を変える上司

リーダーの姿というのは、本当に部下はよく見ているものです。極端でなく一挙手一投足が、リーダーの評価につながっています。

たとえば、君のため会社のためと言いながら、実は自分のために行動しているのが見え見えの上司。器《うつわ》がちっちゃいこのタイプも私は嫌いです。

また相手によって態度を変える人がいます。上司にはペコペコするくせに、部下や女子社員あるいは取引先などには、やたらにえらそうに振る舞う。上司と部下に対してでは、これが同じ人から出る声かと驚くくらいに声音《こわいろ》まで変わってしまう。実にみっともない。往々にして上にへつらう人は、下にも同じことを要求して偉そうにする。そんな人物と一緒の仕事をしたくないと思ってしまいます。

## ◉やはりお前はダメだ！

また、言葉遣いに無神経な上司は、部下のモチベーションを、あっという間に下げてしまいます。ひと言でいえば、全否定するような言葉遣いをする人。

仕事は得意・不得意、過去の経験の有無などで、仕事の巧拙に差が出るのは当たり前です。また速い遅い、いろいろと人によって違うのも当然です。もちろんできるだけ仕事の質にばらつきを出さない努力が必要ですが、いつもいつもうまくいくとは限りません。ところが、よくない上司は、部下を全否定するような表現をする。「君には無理だったかな」「やはりお前はダメだったな」などというタイプです。

「やはりお前はダメだったな」と言われたら、自分は仕事をする前から失敗すると思われていたのか、期待度ゼロだったのか、とがっくり来て、次の仕事をやる気持ちがどこかに行ってしまうでしょう。この言葉を言ったら、部下はどう思うのか、それくらいの想像力を働かさないリーダーはリーダーの資格がありません。

## ◉上手に叱る人は自尊心を大切にする

一方、部下をうまく引っ張るリーダーは、何といっても叱り上手です。

部下に注意したり、改善点を指摘したりするのは、メンバーの力を向上させるためにはどうしても必要なこと。それが上手にできるか否かは、部下の成長と次の仕事へのモチベーションに決定的に関わります。

最悪な例が、前出のような、自尊心を傷つける叱り方です。「あなたならこんなミスをして当然」という言い方は、相手の心を傷つけます。最初からまったく期待をしていなかったという物言いだからです。逆に、「あなたらしくない」というニュアンスが伝わる言い方であるならば、期待されていたことが前提として伝わります。こんな失敗をするのはあなたらしくないね。どこかで、油断していたんじゃないか？　あるいはよっぽど困難な問題だったのだろう。これなら、叱られたほうも素直に反省し、次の仕事を頑張ろうとするはずです。

## ◉「5褒め、1叱り」が原則

私は部下に注意したり、叱ったりする時には、「褒めて・叱る」が原則だと考えています。それも一つ褒めて、一つ叱る、というよりも、日常的に5回くらい褒めておいて、1回、叱る。5褒め、1叱り、です。

何か悪いことを指摘したくても、まず、よい点を褒めておいてから、「でもこの点はよくないね。これをこうしてくれたら、なおいいんだけど」と言う。悪い点だけを指摘されると、場合によれば自信を失ってしまうかもしれないし、はじめから反感を持ってしまうかもしれない。だから、いい点を挙げておいて、さらにここがよくなればと指摘します。

このことはたいへん重要なことです。日常、欠点の指摘ばかりで全否定が続くと、「どうせダメと言われるんだから」と深く考えなくなります。ダメと言われて、ここを直せと言われたところを修正するだけの、指示待ち人間になる。全否定を続けることはそういう怖い面があります。

まず褒める。でも、ここはよくない。どう直したらいい？　と聞いてあげる。言外に、私はあなたなら答えもわかるはずとの期待を意味しています。修正意見が自分の考えと同じなら「いい考えだね」と賛成する。自分なりに考えた意見が通ったことで、彼は自信を持つでしょう。リーダーにとっては忍耐のいることですが、そうしていかないと人は育ちません。

04

気がついたら孤立していました

# ちょっとしたことが重なって、付き合いづらい人間になっただけ。

## ◉自分に落ち度はないか？

なんとなく周囲がよそよそしい。話しかけても、相手にしてもらえない。誰かと飲みに行こうとしても、断られる。あれ、自分は孤立しているんだろうか……。急に不安になることがあります。

孤立に気づいたら、それが何に起因しているモノなのか、考えることが第一。その原因はあなた自身にあることが多い。何か自分に落ち度はないのか、客観的にチェックすべきです。

人の悪口を言いませんでしたか？　大事な付き合いを何度か断ってしまったことは？　人の欠点を鋭く指摘してしまったことは？　言い方がきつくありませんでしたか？

小さな出来事が重なって、「あいつはどうも付き合いづらい」と言うことになってしまったかもしれない。

私の友人で、とてもおとなしい人がいました。悪い人ではないし、とても面白いところもあるし、よく考えてもいる。でも、声が小さいのです。

私と会話していても、聞きづらい時があるから、「えっ？」と聞き返すことがあります。

すると、それに反応して口をつぐんでしまう。彼の言ったことに、私が反対したと思ってしまうらしいのです。

でも、それは聞こえないから聞き返しただけ、もっと大きな声で話してくれればいいのにと思います。

人間は、それだけのことで引っ込み思案になって、人との付き合い範囲が狭くなってしまいます。その点を改善すれば、よほど他人を傷つけたり、決定的な失言をしない限り、孤立の壁を突き崩せるはずです。

もっと細かな点、たとえば服装や口臭、体臭なども念のためにチェックして見ましょう。私は中学生の時、いつも話しかけてくれて、自分に好意を持っていた友人がいたのですが、近くで話すと相手の口臭が気になったので、何となく敬遠してしまったことを覚えています。

落ち込んで、みんなが敵になってしまったと感じた場合でも、誰か一人くらいは話せる人がいるものです。そこまでふつうは深刻になるわけではないのですから、自分の言動を点検すれば、「あの時の発言で、誤解をまねいてしまったか」「この間の言い方が、きつく聞こえたのかも」と原因らしいことが見つけられるでしょう。

もし原因がわかったら、きっぱり皆の前で謝ってしまうことです。言い訳しないで、潔《いさぎよ》く！

05

## 上司の悪口を言う同僚との付き合い方は？

# 「敬して遠ざける」は、付き合いたくない相手への至言。

### ◉悪口にはつい引き込まれる

サラリーマン生活で、会社や上司の悪口はネガティブな行為の最たるものです。中には、口を開けば会社や上司の悪口を言っている人もいます。そういう人は強いマイナスオーラを放っていて、こちらにその気がなくてもつい引き込まれてしまうということがあります。

私が社長をしている時も、上司である私の悪口を言う人がいました。むろん私の前ではニコニコしていて、裏に回ったらアラ探しばかりしている。その悪口が聞こえてくる場合もありますし、聞こえてこないこともある。

また会社の中での個人情報、たとえば給料とか人事に関わることを平気で部外者にしゃべる人がいました。役員の給料を「こんなに取っている」とみんなに言いふらしたりする人がいる。お金のことになると、誰もが関心を持ちますから、ここから悪口を言いやすい雰囲気ができます。

役員ですからそれなりの給料は支払っていましたが、しかしそういう話は知りえる立場にあっても、絶対に部外者にしてはいけない。そんな話を聞いた人も、聞かなければいいのですが、ついつい興味があり聞いてしまう。

場合によると、そのことが、彼の正義感だったりします。自分は正しいことをしていると思っているので始末が悪い。周りはそれほど悪く感じていなくとも、何やら同調しなくてはならない空気になってしまうのでしょう。

## ◉敬して遠ざけよう

だから、友だちを選ぶことが大事です。

頑張ろうと励まし合えるような、エネルギーをもらえる同僚や先輩もいれば、逆に人のエネルギーを吸い込んでしまうような人もいる。これは何も会社内に限ったことではありません。会社の内外の人間関係で、できるだけエネルギーをもらえる人たちとお付き合いをすべきです。そして、ネガティブなエネルギーを発する人には、「敬して遠ざける」スタンスで向き合う。

敬して遠ざけるというのは、なかなか意味の深い言葉だと思います。いわゆる敬遠ですが、正面から取り合わない。上司の悪口を言う人に、「いや違う、上司は偉い人だ」とムキになって弁護したのでは、角が立ちますから、それはしない。つまり敬意を示しつつ、遠ざかるということです。

しかしむろん仲間でもありません。当たり障りなくすれ違う。できればそういう場には入らない。お付き合いをしない。結局は遠ざけているのですが、争いになることのないように遠ざかるわけです。ネガティブな人、それから合わない人にはそれがいちばんです。

若いころ、尊敬する先輩とお酒を飲んでいて、ついつい会社の批判、同僚の悪口を言ったことがありました。しかし、私が同僚の悪口を言ったとたんに、先輩にさえぎられました。「岩田君、話を変えよう」と。

この先輩は自分の信条として人の悪口は言わないことにしていました。会社の批判まではいいとして、個人批判になった瞬間、「ここまで」と打ち切られたのでした。これは見習うべき態度だと思います。

06

グループ内の人間関係が最悪。どうすればいい？

# 内にこもったマイナス感情をすべて吐き出させる機会をつくりなさい。

## ◉ルールのもとで徹底した議論を

チームの中がしっくりいっていない、人間関係が悪いようだ、ということはリーダーとして感じることがあります。コミュニケーションをとるために、飲み会を開いたり、食事会をしたりしますが、いずれも表面的な意見の出し合いで終わって、うまくいかない。どこに原因があるかもわからない。

どうにも修復できないのであれば、一度徹底的に議論をして、みんな思っていることを全部吐き出させる機会を設けるのもよいと思います。

3時間、4時間、へとへとになってもいいから話し合って、とにかく何がこの組織の問題なのか、いちばんのもとになっているのは何なのか、ディスカッションさせる。3時間も議論が続けば、たいてい疲れてきて、本音が出てくるはずです。傷つけ合うことになるかもしれないですが、いったんこじれた組織の内部というのは、そこまでやってみないと修復できません。

ただし、ルールもあります。仕事の中身を責め合ったりするのはいいとしても、お互いの人格や能力については言わない。それはあらかじめ、リーダーがきちんと合意させておく。要は、何のためのディスカッションなのか、傷つけ合うのが目的ではなく、組織をよりよい方向に向けさせるための議論の場であると、目的を明確にしておかなくてはなりません。

とはいえ、議論が白熱してくると、つい言葉が過ぎることがままある。本人も「言ってしまった」と思っても、自分からは訂正をしにくい。そこでリーダーは注意深く場を観察していて、言い過ぎだと思った発言には「今の発言はちょっと言い過ぎですね」「彼の言いたいことは、こういうことだよね」などと適宜フォローする必要があります。

会社を辞めたくなる原因のほとんどは、上司との関係。私も苦しんだ一人です。

07

サラリーマンの群れる習性はいいことですか？

# 群れるのも悪くないが、せめて自分流の哲学は持ちたい。

## ◉情報交換になるがグループ心理に要注意

とかく小人《しょうじん》は群れたがると言います。

私は、群れるのはあまり好きではありません。社会に出たころこそ、いろいろな部署の友人を誘ってランチに出たこともあったのですが、部下を持つようになってからはランチを一人で食べることが増えました。とくに社長業をするようになってからは、ランチも夜の飲み会も、社内で飲みに行くことは必要最小限にしました。それは、特定の人同士の仲良しグループや、派閥をつくりたくないと考えたからです。さまざまな影響を排除して公平に意思決定するためには、誰に対しても等距離に付き合いたかったからです。

しかし、一方新しく入った会社ではできるだけ、ランチなどは同僚と一緒に行きます。社内にどんな人がいるのか、中途社員の多い外資系の会社ではいろいろな経歴の人が多いので、できる限り社内の人と食事に行くようにしていました。毎日、飲みに一緒に行くのはたまりませんが、ランチくらいなら負担になりません。短い時間ですけど、仲間意識をつくるのにはいいと思います。

話の内容はだいたい仕事の話半分、仕事以外も半分です。ある意味いろいろな情報交換の場になります。私はたばこを吸いませんが、たばこを吸う人で喫煙室に行って、さまざまな情報を得てくる人もいます。

だから、群れるということのメリットもたくさんあります。

ただ、マイナスも当然あるでしょう。派閥ができやすくなったり、発想が一つに固まったり、リーダーの意見で話が決まってしまったり、といったデメリットもあります。飲み会などでは、上司の悪口で盛り上がったり、二次会三次会まで飲み会が続いて非生産的な時間とお金を使ったり。自分が行きたくなくても仲間外れにされることが怖くて、内心いやいやついて行く。私は車のセールスマンをしている時、昼間時間が空いてサボるにしても、一人でサボるようにしていました。他のセールスマンは、群れて行きつけの喫茶店で半日時間をつぶしていました。その中にいると自分は仕事をしたくても、しにくくなってしまいます。付き合いの中でもＮＯと言う必要があります。

## ◉頭を使って群れよう

ミドルマネジメントで同僚や部下との距離を縮めるために、ランチを一緒に行ったり、たまに飲み会を開くのはいいと思いますが、一つだけ、いつも同じメンバーで、というのはやめたほうがいい。社外も含めて、できるだけ違った人との組み合わせで行くことをお勧めします。私も若手サラリーマンのころは、「できるだけ一緒に食べたことのない人と出かける」「違う部署の人を積極的に誘う」「同じ店にはできるだけ行かない」などといった私なりの方針を決めていました。

同じ人といつも出かけて、同じようなものを食べていては、毎日の昼食時間が単なる繰り返しになってしまいます。話題も狭い範囲になる。やがては職場の愚痴やゴシップばかり。これでは貴重なランチタイムが有効活用できません。

群れることも時には必要ですが、目的とけじめを持って群れる。それが自分のためになる「群れの哲学」だと思います。

08

人に接する基本的なスタンスはなんですか？

# 公私は常に分けること。等距離に接し、

## ◉すべて「さん」づけで呼ぶ

人との付き合いで、どういう姿勢、スタンスを保つかは、人によって大きく違います。

私は意識していくつかのポリシーみたいなものを持っていますが、その一つは人によって言葉遣い、態度をあまり変えないということです。

上司と話す際と、部下と話す時では、ガラッと言葉や態度が変わる人がいます。そういう人を、良い悪いではなく、私はいやなのです。

では、どうしたら、常に、誰に対しても同じ態度、言葉遣いでいることができるか。

答えは簡単です。

誰に対しても丁寧に接する以外にありません。上司にも部下にも、丁寧に接する。名前も「さん」づけで呼ぶ。絶対に呼び捨てにはしないし、「くん」づけで呼ぶこともしない。あくまでも対等の関係でありたいと思っているからです。

プライベートに会社の関係を持ち込むのも嫌いです。

社長をしている時でも、アフターファイブまでそれを持ち込まないようにしていました。自分の引っ越しを部下に手伝わせたり、休日の懇親ゴルフでも部下を顎《あご》で使っている人もいますが、公私混同も甚だしいと思います。

私の近所の人で、どこか大きな会社の役員らしいのですが、私とは単なるご近所なのに、会社の上司・部下であるかのような上から目線の話し方をする人もいます。

社内と勘違いして、そのまま私生活にも引きずっているのでしょうが、笑えない勘違いです。

09

人に好かれる対応、態度とは？

# あなたを好きな人が嫌いですか？　その答えこそが、回答です。

## ◉話の聞き上手になりなさい

人間は感情があり、複雑な生き物ですが、非常に単純なところもあります。人に好かれるためには？　という設問の答えがそれで、誰しも自分に好意を抱く人、自分を認めてくれる人を好きになる。自分を嫌っている人を好きになることは、まずないということです。だから、人に好かれるためには、好きになればいい。その人を認めてあげればいいのです。

具体的には、よくその人の話を聞いてあげることです。

人間は、自分のことを知ってもらいたい強い願望を持っています。自分自身を知ってもらいたい。自分を理解してもらいたい。承認されたいと思っています。多かれ少なかれ承認願望は誰にもあります。

話を聞いてあげるだけで、あなたの好感度は随分とアップすること間違いありません。時には、つまらない話題とか、以前に聞いた話と思っても我慢して、うなずいて聞いてあげる。相槌を打っても、口をはさまないことです。

人の話を、しかも熱心に聞いてあげれば、あなたはよく話を聞いてくれる、話のわかるいい人、ということになります。しかも十分に話し足りたと思っても、すぐにまた何か話したいことが生まれます。話したい人にとって、あなたのような人はいつも必要になるのです。

聞き方として注意すべきは、結論を急がないことです。私などは、家庭で子どもや妻の話を聞いていても、つい結論をせかしたり、口を挟んでしまいます。

「うん、わかった、それってこういうことでしょう」

当然ながら、家族がイヤがります。なぜ、もっときちんと話を聞いてくれないの？　まず、最後まで聞いてよ、と。

話を聞く理想的な姿勢をいえば、相手の目と胸元あたりを見て、少し微笑み、大きくうなずきながら、「ほう」「なるほど」と感嘆詞を挿入しつつ聞く。で、一区切りついたところで、「それでどうなったの？」とちょっとした疑問を提示して、話の展開を促す。こうして聞き上手になると、好感度アップは間違いありません。外交でも社交でも、その要諦《ようてい》は理解者を増やし、味方を多くしていくことでしょう。中立な人は味方にし、敵になりそうな人は中立にさせる。そのもっとも基本的なところに「相手の話をよく聞く」が位置づけられると思います。

## ◉声をかけ合う関係になる

もう一つ私自身の経験から言って、好感度を上げるために効き目のあるのは、「声をかける」ことです。

これまでいくつかの会社で仕事をしてきましたが、どの会社でも私は受付担当と親しくなっていました。配属部署の庶務の女性などとも、すぐに親しくなりました。別に大した秘策があるわけではありません。毎日毎日、会社で受付の前を通るたびに、「おはよう」と挨拶し、ちょっとしたひと言をかけるだけです。「元気?」とか「今朝は暑いね」とか、「その服いいね、似合っているね」とか、その程度の(セクハラにならない程度の)ふつうの言葉です。それだけで、受付の担当者との距離は確実に縮まります。

また、お客さまに応接室で応対をしている時に、コーヒーを持ってきてくれた女性には、必ず「ありがとう」と言います。ある会社で私が退職する時に、そんな女性たちから「岩田さん、いつもお茶出しすると、ありがとうと言ってくれて、うれしかったです」と言われたことがありました。逆に言えば、それだけ「ありがとう」のひと言を出す人が少ないということでしょう。

私としてはとくに意識して声をかけていたわけではないのですが、声をかけられた側に自分を置いてみれば、うれしくないはずがないのです。

今でも、たとえばコピー室に行って、顔見知りがいれば、挨拶はもちろん、冗談を言ったり、とにかく声をかけるようにしています。最近は、自分から挨拶をしない若者が増えていますが、「お疲れさま」「おはよう」とこちらから声をかけるといつの間にか相手から声をかけてくれるようになります。

声をかけるだけで、お互いの距離は縮まり、互いに好意を持つようになるのです。

10

人は見た目が9割と言われますが、どう思いますか？

# 「見た目」がいいかどうかが、人の第一印象になり、評価になる。

## ◉人に対する気遣いは最低限のマナー

「見た目」は印象に大きな影響を与えます。「見た目」といっても何もおしゃれをしなさいというのではありません。要は相手に不快感を与えないアピアランス（見た目）をしているかどうか、そういうふうに捉えるべきでしょう。

服装でいえば、清潔感が大事です。まず男性なら、ワイシャツは毎日変えるのは基本中の基本です。昨日着たワイシャツを着て、襟元《えりもと》が汚れていたり、しわくちゃだったりしてはお客さまに会えないし、誰に対しても失礼です。

私も恥かしいことですが、新入社員当時は、若いし、お金もない。冬場など「ま、いっか」と昨日と同じものを着用して出て行ったこともあります。むろん、清潔感を与えないサラリーマンという点では失格です。

スリッパ履きで社内を歩かないというのも、これに近いでしょう。役所などでは、スリッパで廊下を歩いている姿を目撃しますが、印象のいいものではありません。

私も机の下にスリッパを置いています。靴を履いて執務するよりもリラックスできて足が楽なのですが、ちょっと書類を取りにオフィス内を歩く時でもちゃんと靴に履きかえます。

それは最低限のマナーということになるでしょう。

## ◉形骸化した「こんにちは」には意味がない

人の気持ちを考えて行動するという点は、とくに接客業では重要なポイントです。しかし人はなかなかそこまで深く考えて行動できない。とりわけ、ルーティン化された言動については、何のための挨拶をするのかという基本がすっぽりと意識から抜け落ちていることが多い。

たとえば、ふつうのコーヒーショップは、来店されたお客さまに「いらっしゃいませ」と言うのに対して、スターバックスでは「こんにちは」と声をかけます。

この「こんにちは」の声掛けで迎えるのは、平凡なようでいて接客業では新鮮で、いろいろな企業が真似をしました。でも、やはり心を込めるということは、難しい。形だけ真似て、心が込もっていないお店を見かけることも多いのが実情です。

しかし、そのスターバックスでさえ、社長だったころに、この声かけが何かマニュアル化してしまっているなと感じたことがあります。

もともとスターバックスで始めた「こんにちは」は、スタッフが心からフレンドリーな気持ちでお客さまをお迎えする挨拶でした。他人行儀な「いらっしゃいませ」ではなく、友だちを迎えるような「こんにちは」なのだ、と。だから斬新だったし、スターバックスのよいイメージづくりになった。

それなのに、毎日毎日使い、スタッフの誰にもスターバックスの挨拶はそういうものだと心の中でルーティン化した途端、どこにもある「こんにちは」になってしまった。そう思いました。

実際、もともとの「こんにちは」の心は失われて、お客さまのほうを見もしないで、「こんにちは」と言っているスタッフを目にしました。形だけの挨拶です。

挨拶に心が込らなくなったら、意味がありません。

それで、何でもかんでも「こんにちは」ではないんじゃないか、と見直しを提案したこともありました。

もう少しバリエーションを持っていてもいい。お客さまをよく観察して、「お疲れさま」でもいい。「寒いですね」「お帰りなさい」でもいい。心を込めれば、言葉そのものにはこだわらないほうがいいということです。

つまり、なぜ、この挨拶をするのかという目的です。来ていただいたお客さまに、「心から歓迎する」という気持ちを表す。その手段としての挨拶ですから、そこに心が込められなくなったら無意味になるわけです。

服装にしても挨拶にしても、周囲の人、あるいは向き合った人に対する気遣いが失われてしまったら、かえって不快なものになり、人間関係を壊してしまうということになるでしょう。

11

ユーモアがないと言われる。ユーモアセンスを身につけるには？

# 余裕をもって観察する。すると「笑い」のネタが発見できる。

## ◉笑わせ上手から盗む

イギリス紳士の条件の一つがユーモアのセンスを持っていることと言われます。私は、家でよく駄洒落《だじゃれ》（おやじギャグ？）を飛ばしていて、家族からリーダーシップの本なんかより駄洒落の本を出しなさいと言われているほど。私も妻も関西人ですから、笑いのノリはいいのです。

軽い笑いは確かにその場の雰囲気を和ませます。場の雰囲気づくりに気をつけたい人は、ぜひユーモアのセンスを身につけてほしい。と言って、なかなか人を笑わせられるようなユーモアのセンスは身につきません。

身につけるには、やはり努力が必要だろうと思います。日ごろから笑いを誘う言葉遣いにアンテナを張っていれば、目についたり耳に入ってきたりします。すると、笑わせ上手な人がどんな具合に人の心をつかむのかが、わかってきます。それを盗めばいいのです。

ただ、ユーモアというのは、気持ちに余裕がないと出てきません。緊張していると、ユーモアどころではない。だからユーモアセンスをもっと持ちたいという人は、何よりも心の余裕を持って周りを観察できる人になればいい。観察して目についたことと、笑わせ上手な人のネタを真似てみたらいい。とくに自分をネタに使う自虐ネタは仮に外しても人を傷つけなくてもよいのでお勧めです。

ユーモアで注意しなくてならないのは、人の言った冗談の中には本音が含まれている場合があることです。上司が大幅に遅刻して出社した部下に「今日も早いね」と言って笑顔を向けた。でも近くにいた人が「課長の目が笑っていなかった」と後でつぶやいた時、「怖いね」と顔を見合わせたこともあります。つまりは強烈な皮肉です。

つまりそのことを普段から言いたくて仕方がない。でも言うと角が立つから、我慢している。それで冗談やユーモアの衣を着せて言っている。冗談の中に本音が含まれていることもあるので、聞き流さないで、注意することも必要です。

12

怒りっぽいと言われるので何とか直したい

# 損をする不機嫌や怒りっぽさは、ちょっとした工夫と自覚で抑えられる。

## ◉工夫一つで感情はコントロールできる

人間は誰しも不機嫌な時もあれば、イライラしたり、怒ったりする時がありま す。当然、そういった不機嫌な人は皆から敬遠される。周りにも悪影響を及ぼし ます。できれば、そういうマイナスの感情はうまくコントロールして、平静を保 つよう心がけるべきです。

とくに肉体的に調子の悪い時に不機嫌になりがちです。寝不足だとか空腹であ るとか、ちょっと働き過ぎて疲れ気味だとか。機械ではない人間なのですから仕 方ありません。

ただ、自分が現在、不機嫌な状態であることを意識することは大切でしょう。 同時にその原因についても意識する。できれば、その原因となっている状態を除去したり修復したりする。寝不足が原因とわかっても、会社にいて眠るわけにいきませんが、少なくとも不機嫌な状態にあること、その原因は何々、と意識することです。

機嫌の悪い時には、周囲にも悪い影響を与えて、不愉快にさせます。だから、席をはずして気分転換を図ることも一つの方法でしょう。トイレに行く、顔を洗う、コンビニに行って買い物をする、書店に出かけて雑誌を立ち読みする、ストレッチをして深呼吸する、そんな小さな行動一つで気分が変わることもあります。不機嫌な感情といえども、自分がそういった状態であることを意識し、ちょっとした工夫で気持ちをコントロールすべきです。

## ◉謙虚さがないと怒りっぽくなる

かくいう私自身、かなりの「せっかち」です。時間を無駄にすることが何よりもイヤで、待たされたりするとすぐイライラしてしまいます。若いころには、テキパキと仕事のできない同僚、後輩などに対して腹が立つこともありました。やる気がないんじゃないか、と不遜《ふそん》にも思っていたのです。

ところが留学準備の際にノイローゼ寸前に追い込まれた経験が私を変えました。それまでのように他人に腹が立つことがなくなったのです。

自分がこんなに弱い人間なのに、どうして他人に強く言えようかと考えることができるようになり、人に対して優しくなりました。

結局、人に対して怒りっぽいタイプというのは、「俺はできるのに、お前はなぜできないのか」という傲慢さが前提になっているということです。ノイローゼまで追い詰められてはじめて、私は自分もまた弱い人間であるということを、痛いほど思い知らされました。

だから、人間としての謙虚さの無さが、周囲に対する怒りっぽさに通じていると言えるでしょう。

## ◉虎の尾を踏まない

怒りっぽい上司のもとで働くことになったらどうするか。要は、怒らせないようにすることしかありません。そのために必要なのが情報力、観察力です。

虎の尾を踏む、逆鱗《げきりん》に触れる、と言いますが、誰しもここは触れてはいけない急所を持っています。上司の場合、何が虎の尾で、逆鱗なのか。それをよく知っておいて、また観察して、理解しておかなくてはいけません。

同じ冗談を言う場合でも、仕事ネタの冗談は大いに受けたけれども、身体的な特徴をネタにしたジョークは気をつけなくては、とかいろいろあります。これは情報を取っていたり、注意深く観察していれば、察知できます。

相手を観察して客観視できたら、心に余裕が生まれます。

そのために事前に情報を得ておく必要もあります。上司の出身学校、経歴、趣味、家族構成くらいの情報は得ておいたほうが、客観視して余裕を持つためには必要なことでしょう。

13

上役ばかりの重要な会議でプレゼン。うまく乗り切りたい！

# はじめよければ、すべてよし。格好つけず、根回しと場馴れも忘れずに。

## ◉「出だし」よければすべてよし

重要な会議やプレゼンを上手に乗り切るためには、一にも二にも準備、もう準備しかありません。時間があれば、想定問答集ぐらいまでつくっておきたいものです。

会議での発言やプレゼンなどで、とくに私が重要だと思うのは、出だしです。はじめよければ、すべてよし。出だしでつまずくと、頭が真っ白になってしまうこともあります。

逆に、きちんとスタートできれば、心に落ち着きが出て、参加者の反応を観察する余裕も出てきます。

そのために、冒頭の部分については、大体ではなく、一語一語しゃべる内容の原稿をつくっておき、それを何度も事前に声に出して読んでおきます。

しかし本番では、読む必要はありません。逆に一字一句原稿通りにしゃべろうと思うと返ってぎごちなくなります。もし詰まったら原稿を見る程度にする。そうすれば間違いがありません。

上場企業の社長をしている時、株主総会で議長をしました。その際に、総会担当の弁護士さんから言われたのは、このことです。

「とにかく文章にしておいてください」

「一言一句、その通りに話してください」

「妙なアドリブは使わないでください」

「読んでいるなと思われるのは格好悪いなどと考えないでください」

このアドバイスは、特別な場面では正しいと思います。会議やプレゼンは株主総会ではないので、一言一句読む必要はないと思いますが、準備は詳細にしておくべきです。

あらかじめ根回しをしておくことも、とても大切なことです。キーマンとなる人に「今度の会議でこういう話をしますが」と根回ししておけば、会議の席で突っ込まれたり、否定されません。上司によっては「俺は聞いてない」という感情的理由だけで反対されてしまうこともあります。

事前根回しの時にいろいろ聞かれたり、問題点を指摘されても、それは改善すればいいだけのこと。それだけ内容がよりよいものに仕上がっていきます。

でも会議中に同じことをされたら、もう取り返しがつきません。頭に血が上って、混乱するばかりです。資料を事前に見てもらっておくなど、本番でサプライズがないようにしておくことは、とても重要なことです。

もう一つは場馴れすること。私も若い頃から講演会に行ったら、大勢の中でも必ず挙手をして最低一つは質問することを自分に課していました。

社内研修会でも同じく、必ず一問質問することを自分に課していました。質問する気で聞いていますから、当然集中して聞きます。内容がよくわかりますし、みんなの前で質問することで場馴れし、大勢の前で話す度胸がついたと思います。

14

成長を願って注意したが、部下の心に響いていない

# 背景をよく説明しない上司が悪い。説明すれば、視野の狭い部下も納得する。

## ◉他責でなく自責で

大人に注意するのも、子どもに注意するのも同じです。

その人が成長してほしいという愛情のつもりで注意するのですが、たいていはイヤがられ、煙たがられます。

相手になかなかこちらの気持ちが素直に伝わりません。

子どもの場合には、そもそもなぜ注意されているかもわからないことがあります。

会社では大人が相手ですが、理由は同じ場合も多い。つまり、なぜそれを注意されているのかわからない、理解していないから、心に響かない。私たちはとかく自分がわかっていることは、相手も同様にわかっていると考えやすいのですが、

必ずしもそうではありません。

年齢も若く、業務経験も浅い部下は、とかく視野が狭い。間違いを指摘しても、そのミスの影響するところが、よくわからないのは当然です。

できるだけ大きな観点から、「なぜこれをしてはいけなかったのか」を、話してあげなくてはなりません。

わからない部下が悪いのでなく、わからせる努力の足りなかった、あなたが悪いのです。

たとえば、あるお客さまから、納期遅れのクレームが来たとします。上司はその部下に注意します。「電話ではなくて、ちょっと行って直接謝って来たほうがいいよ」と。

しかし、部下にも不満があり、言い分がある。お客さまの言い分のすべてが正しいわけではない。きちんとした発注書をくれなかったから、納期も遅れたのだ、と。部下にも、上司の注意を素直に聞けない背景もあるわけです。

ですから、この場合には、「お客さまが１００％悪いのかもしれないが、実は、このお客さまとは大きな商談が控えていて、今お客さまを怒らせるわけにいかないんだ」とか、「10年前にうちが倒産寸前になった時に、たいへん助けていただいたお客さまなんだ」とか、背景を十分に説明して、場合によっては自分も同行すると伝えるべきです。

注意した時に横を向く社員には、それだけの理屈があり、ただそれは無知なだけなのですから、背景をよく説明すればわかってくれるはずです。

今後はこちらも仕事を頼む時は、時間の許す限り、何をだけではなく、その背景など「なぜそれをするのか」を伝えるようにしなくてはなりません。

## ◎人間関係を
## よくするためのポイント

▼自分が相手に思っていることは、相手も自分に対して思っていることと、心得たほうがいい。

▼イヤな上司に巡り合っても、めげるな、へこたれるな。2年も我慢すれば、あなたか上司かどちらかが必ず異動する。もしどうしても我慢できなければ、どのような事実があったかを記録して、しかるべき幹部に相談すればよい。

▼部下と良好な関係を築きたければ、相手の自尊心を傷つける言葉に注意し、5つ褒めて、1つ叱る、を原則に対応する。

▼人の悪口を言う同僚とは付き合わないほうがいい。あなたも陰で言われる可能性が高い。そういう人は「敬して遠ざける」こと。

▼相手によって態度を変える人は、信用できない。

▼人は、自分のことを話したい、わかってもらいたい生き物。だから、人に好かれたかったら、よく相手の話を聞き、ひんぱんに声をかけること。

▼ユーモアセンスのある人ほど好かれる。逆に怒りっぽい人、不機嫌そうな人は嫌われる。冗談の中の本音を聞き逃さないように気をつける。

# 第２章

ビジネスの世界の悩み・疑問

## いやいや働いていませんか？働くことの意味を見出せれば、仕事が俄然、面白くなります。

# 我々は何ができるかで自己評価し、何ができたかで評価される

——ヘンリー・ロングフェロー（アメリカの詩人）

人は自分を過大評価し、周りが理解してくれないと嘆く。しかし周りは、目に見える実績だけで評価する。自信過剰にならず、自己の可能性を信じ、一つひとつ実績を積み上げることで、はじめて人から評価・信用される。

はじめに●仕事の意味を見出そう

# 仕事を通じて、世の中に貢献し、自己実現を図る。「仕事の報酬は仕事」と心得、さらなる成長を。

## ◉仕事が面白いか、面白くないか。それが問題だ

時々私は、自分が今こうして生きていることは、奇跡のようなことではないかと思うことがあります。

両親が偶然めぐり合い、結ばれ、自分がこの世に生まれてきたことは奇跡のような出来事。さらにそれから何十年も、事故や病気で死ぬことなく過ごしてきた。そう考えると、何か大きな力に自分は生かされているのではないかという気持ちになります。

では何のために生かされているのか？　私は、人それぞれ何らかの形で世の中に貢献するというミッションを与えられているではないかと思っています。社会に貢献する手段の一つが仕事です。

ボランティアのように世の中への貢献だけで、お金を稼がなければ、生きていくことはできません。

それは私たち個人も、企業も同じです。仕事を通じて世の中をよくする。それと同時に、生きる糧としてその対価をいただき、自己実現を図る。自分の生きている証《あかし》を示す。それが仕事なのです。

ですから、仕事が面白いか、面白くないか。

これは私たちの人生における大きなテーマに違いありません。中には、仕事はつまらなくても構わない。アフターファイブから、自分の本当の人生が始まるんだと、嬉々《きき》として話す人もいますが、その考えはどうかと正直思います。

人生の大半の時間を仕事に費やすのですから、いかに、そこに意義や意味を見出し楽しいものにしていくか。そこから逃げてはいけないのではないかと思うのです。

## ◉真の職業スキルとは

企業の中で出世をし、大きな権限がほしい。権力を持ちたい。それが働くことの目的だという人もいるでしょう。そのために、上司にゴマをすり、いい顔をする。これまで日本の職場は、サラリーマンスキルがことのほか幅を利かせてきました。

その会社にずっといるという前提なら、そうしたサラリーマンスキルは欠かせません。

ところが、会社を辞めた瞬間にそのスキルは通用しなくなります。

かつての日本型企業の特徴をある経営学者が「圧力鍋型」と称しました。社員は定年退職まで鍋の外に出ることなく、ぎゅーっとその中で圧搾される。だからこそ、ボーナスのちょっとした差に皆が一喜一憂してきました。

一定の年齢まで、誰もが社長になれるかもしれないという幻想の中、みんな頑張ってきたのです。

しかし、終身雇用の時代は終わりました。会社にしがみついても、鍋の中から外へと出ていかざるを得ない場合も出てくる。その時に、どれだけ、会社の外で通用するスキルを持っているのか。その意味で、重視すべきは、ポータブルな職業スキルをいかに学ぶか。その機会を持てるかということになるでしょう。

仕事ができる人間には、よりチャレンジングな仕事、より大きい仕事があてがわれる。本人もやりがいを感じ、人間としても一回り大きくなる。これが現実です。

もし、あなたが面白くない仕事ばかりやらされているのだとしたらどうするか。まずは目の前の仕事を一所懸命すること。不思議なもので一所懸命仕事をしていると、その仕事の面白味がわかってくるのです。

逆に目の前の仕事が面白くないとしたら、それは仕事を一所懸命打ち込んでいない証拠です。

自分の仕事が認められれば、必ずやもっと大きな仕事、やりがいのある仕事が回されてきます。「仕事の報酬は仕事」なのです。

その意識を持つことが、もっとも大事なことではないかと思います。

15

能力は先天的なものでしょうか？

# 目の前の壁はそのつど乗り越えなさい。努力癖は能力・才能などより力になる。

## ◉能力に個人差は存在する

当たり前な話ですが、能力に個人差は存在します。学生時代を思い出してみても、クラスの中には足が速い子もいれば、遅い子もいたでしょう。記憶力に優れた子もいれば、そうでない子もいたでしょう。ある程度、生まれつきの知能や才能差がある。これは、誰もが否定できない厳然《げんぜん》とした事実です。

では、こうした持って生まれた能力がそのまま将来のキャリアや仕事の出来不出来に関係してくるかと考えると、必ずしもそうとは言えません。

先天的な能力があるにもかかわらず、その能力を十分に生かしきれない人もいれば、能力以上に活躍する人もいるものです。

## ◉ここぞという時に頑張れるか

実は、この両者を分ける決定的な要素があります。何だと思いますか。

それは「努力を集中できる力」です。ありていに言えば、ここぞという時に頑張れる力です。私たちは四六時中、全力疾走はできません。時には休息をとらないと心身ともにもたない。でも、人生には必ず全力疾走しなければならない「勝負所《どころ》」があるのです。その勝負所で脇目も振らず、誘惑に負けず、集中して全力疾走できるかどうか。ここぞという時に集中できる人は、人生を自ら切り開き、成果を挙げることができます。

私はあらゆる能力、才能の中でも「努力できる能力」がいちばん大切だと思っています。

自分自身を振り返ってみても、これは確かなことです。

高校の時は野球部に入り、きつい練習に明け暮れていました。その一方で進学校だったので勉強も超ハード。夜自宅で勉強しようと思っても、体は疲れきっているので、眠くなって仕方がない。これではいけないと、試験前などは椅子の上に立って、本箱の上に本を置いて勉強したものです。母親にも「あんたはいつ寝ているの」と言われるくらい頑張った。日産自動車時代にはアメリカのビジネススクールへの留学を志しました。しかし、その時点でのTOEICの点数は300点台。お話になりません。それから仕事以外はほぼ英語漬けの生活を続け、2年後には900点をとるまでになりました。

努力すべき時に、努力を集中してきたわけです。

## ◉過去の成功体験を思い出せ

このように書くと、「岩田さんは、努力できる能力が高いかもしれないけど、私は自制心が弱くてなかなか努力できない」という人もいるでしょう。

しかし、誘惑に弱いのはあなただけではありません。誰だって、何の報いも期待せずに、努力することはできません。それは私とて変わりません。

でも、そんな私がなぜ努力が続けられたのか。勝負所で全力疾走ができたのか。それは、過去の「成功体験」があったからです。

目の前に高い壁があっても、懸命に頑張って、乗り越えてきたという自信がある。だから、「あの時も頑張ってうまくいったんだから、次も頑張れば、きっと成功するだろう。何とかなるだろう」と前向きに発想できる。それが新たな努力を促すのです。

もし、そうした体験をしたことがないという人は、まず低い壁を一つずつ超えてみることから始めてみる。いきなり大きな目標を掲げずに、まずは小さな成功体験を数多く積み重ねることを始めてみることです。

朝1時間早く会社に来て、勉強する。ダイエットのために、1駅分歩く。何でもいいと思います。その小さな目標を愚直に達成していく。一度、成功の達成感を覚えたら、今度もまた頑張ろうというファイトがわいてきます。

それが新たなチャレンジを生み、次の成功体験を生みだしていきます。努力する習慣、いわば努力癖と小さな成功癖をつけていくのです。成長スパイラルを自らつくり出していくのです。

それができれば、あなたの「努力する能力」も自然と開花し、勝負時に集中して頑張ることができる人間になれるはず。地道で愚直な繰り返しでしか、大きな実は結ばないのです。

いやいや働いていませんか？　働くことの意味を見出せれば、仕事が俄然、面白くなります。

16

単純作業ばっかり！　意味のないことはやりたくない

# 仕事の意義を知ればやりがいが湧いてくる。目の前の仕事に全力投球し、局面打開を図る。

## ◉仕事の意味を上司に問う

今やっている仕事は、本当に社会にとって役に立つのか。会社にとって重要な仕事ではないのではないか。無駄なことをやらされているのではないか。そのような疑問を持つと、仕事に身が入らないのは当然です。

とくに、やりがいを感じにくいのは、任された仕事の意義や背景がわからない時。たとえば、上司から「会社のこの5年間の売上げと利益率を表計算で出しといて」などと、突然指令を受ける。しかし、何に使うのかの説明がない。仕方がないから、自分なりに見当をつけて資料を作成し、提出すると、「おい、これ使えないよ」と冷たく言い放たれる。徒労感ばかりが積み重なります。

これではやりがいどころの話ではありません。

大事なことは、上司に対して、きちんと説明を求めることです（逆の立場から見れば、上司は仕事の背景も含めてきちんと説明することが求められます）。「もし差支えなければ、この表計算の資料を何に使うのか、教えていただけませんか」と丁寧に聞けば、上司も答えてくれるはずです。

「今度、役員会で今後の社運を左右する大きな投資を決定する際の資料として使うから、悪いけど丁寧につくってくれよ」との説明があれば、同じ作業でもやりがいが違ってくるでしょう。日本の職場は暗黙の了解を尊びますが、疑問があればコミュニケーションをとってそのつど解消する努力が必要です。意思の共有ができなければ、やりがいも、仕事の成果も得られません。

## ◉一隅を照らす姿勢が大事

中には、そうした単純作業をやらされること自体に不満を感じる人もいるでしょう。俺はもっと大きな仕事がしたい。こんな事務作業でくすぶっていたくないという気持ちもぬぐえない。そうした人は、自分自身を省みることも必要です。自分に仕事を頼んだ上司の立場に立って、なぜこういう仕事を自分に任せたのか、もっとレベルの高い仕事を任せてくれないのはどうしてかと問うてみる。そうして、上司の目線で、客観的に自分の姿を見つめてみるのです。

すると、仕事上のミスが多い。会議でも積極的に発表していないなど、自分に欠けている部分も見えてくるでしょう。意外とそうした小さなことが、あなたの評価を下げている場合もあるのです。

私が好きな言葉に「一隅を照らす」があります。

自分の置かれている持ち場で、精一杯頑張る。端的に言えばそういう意味です。単純作業であっても、目の前の仕事に全力投球する。そして、自分なりの工夫や付加価値をつけるよう努めてみる。エクセルの表計算だけでなく、そこに年ごとの推移を表すグラフを設けたり、ちょっとしたコメントを入れてみたり。

その努力が上司の目に留まり、今度はこれまでよりも少し難しい仕事も頼んでみようかと考えるようになるのです。あなたの地道な努力や工夫を上司はちゃんと見ているものなのです。結局、自分の評価を上げようと思えば、与えられた仕事でアピールするしかないのです。

## ◉イヤな仕事はさっさと終わらせる習慣を

それでも、不本意な仕事ばかり任せられたら、どうするか？

私の場合は、イヤなことはさっさと終わらせてしまう。これに尽きます。

どっちみちやらなければいけないことは、先に終わらせたほうがいい。私は小さい時からそれを習慣にしてきました。

夏休みの宿題も、とくに誰かに言われたわけでもないのに、7月中に済ませたものです。3日で終らせたこともあります。

対照的に、私の子どもなどは夏休みが終わって9月になってから慌てて取り掛かっています。

どっち道やらなければならないのだから、どうして早々と宿題を終わらせないのかいつも疑問に思っています。早くやってしまえば、親から「宿題できたか？」と何度も言われないし、「早く済まして、感心だね」などと褒められる。もし何か事故や突発的なことで宿題をやりたくてもできないこともあるかもしれない。そして時間があれば、最後に見直す余裕もある。

精神衛生上、どちらがすぐれているか、一目瞭然です。

17

「おっとり」と言われる。スピーディーに仕事をするには？

# 締め切りに対する時間感覚を磨き、「今、すべきこと」を着実に実行しなさい。

## ◉おっとり型の人は危機感を持つべき

おっとりという表現は、大らかでゆったりした感じがあって、そんなに悪い言葉ではないかもしれません。

私自身「超せっかち」なので、時々うらやましささえ持つことがあります。とはいえ、スピードが要求されるビジネスの世界では、ありがたくない形容に違いありません。婉曲《えんきょく》的に、「あなたは仕事ができませんね」といったニュアンスも感じられます。

職場を見渡すと、緊急性が求められる事務作業を、何時間も掛けて丁寧に行う人がいます。典型的なおっとり型の人と言えるでしょう。

厳しいことを言うようですが、リーダーとしては、こういう人には重要な仕事を任せられません。仕事には結果が必要なタイミングがあります。

## ◉時間を細分化してやるべきことを考える

おっとり型の人に欠けているのは、締め切りに対する時間感覚と全体を見通して優先順位をつける能力でしょう。

やるべき仕事の量と、残された時間を大雑把に把握した上で、優先順位を決めて、何からすべきか。その戦略を考えていないのです。

学校の試験勉強を思い出してみてください。試験まであと5日あるという状況。これをどう捉えるか。おっとり型の人は、「なんだ、まだ5日もあるのか」と鷹《おう》揚《よう》に構えがちです。

その結果、すぐには試験勉強に取り掛かろうとせずに、いよいよ時間が迫った土壇場で猛烈に焦りだす。あるいは、漫然と問題集を前から解いていって、いちばん大事なポイントまでたどりつけないで終ってしまう。こんな状態ではよい成績を残すことはできません。

時間感覚にすぐれた人は、細分化して物事を考えます。

１日に勉強できる時間は５時間。５日で25時間ある。試験科目は５科目あるから、１教科あたり割ける時間は５時間。そもそも教科別の時間配分も均等に５時間でよいのか考えてみる。暗記科目は試験直前に回し、数学などの理解科目は早めに済ましておく。その中でもっとも効果的に勉強するにはどうしたらいいか。その観点で段取りを整え、早速試験に出そうな重要なところから勉強に取り掛かる。厳しい時間制約の下に、やるべきことを見据え、着実に実行していくわけです。

## ◉仕事の進み具合を確認する

進捗《しんちょく》管理も重要です。まず「やるべきリスト」をつくる。そして、それがどこまで進んだかを「見える化」する。これは基本です。

私の場合は単純に円を描いて、そこに縦線と横線を引いて４分割する（84ページ図参照）。作業段階を25％ずつ分けて、できた段階ごとに塗りつぶしていくという方法です。塗りつぶすたびに物事が進んでいるということが確認できる。それだけでも、不思議と楽しくなってくるのですから、人間とはきわめて単純です。

## 仕事の進捗状況を見える化する

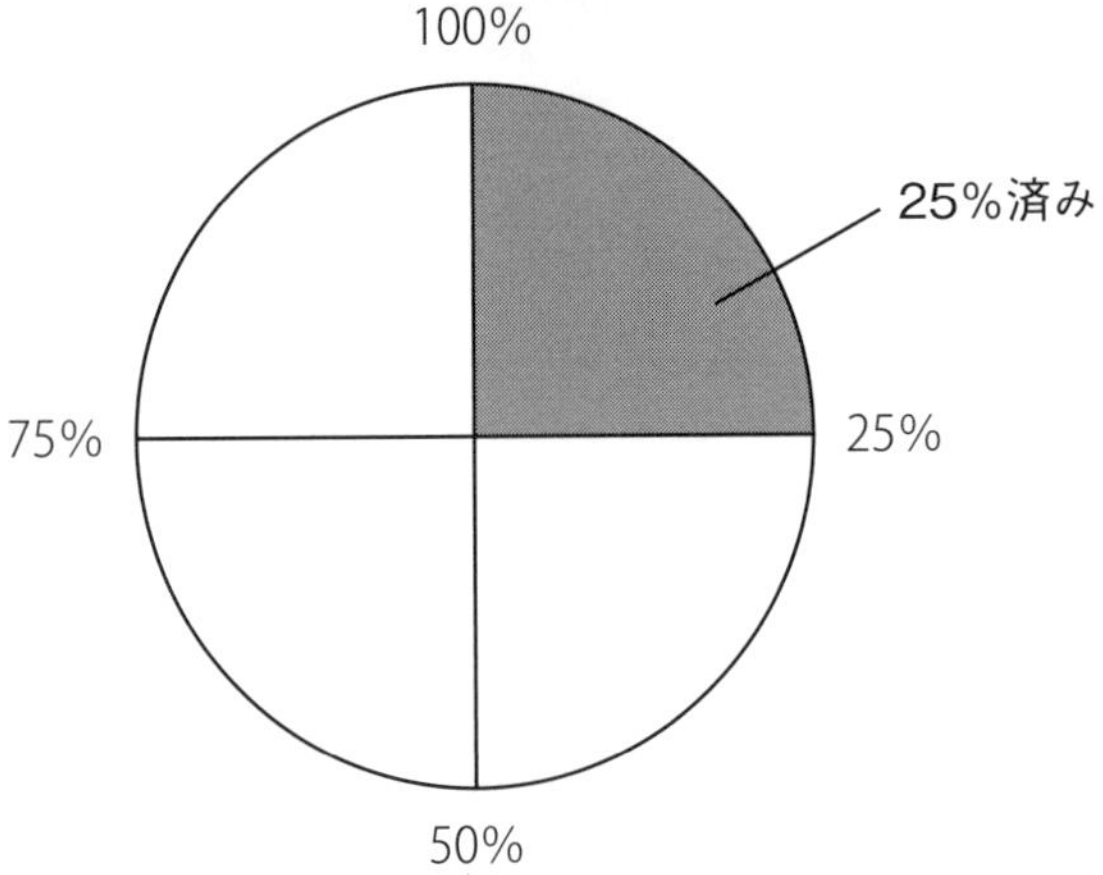


仕事の場合も同じです。たとえば、あるプロジェクトリーダーを任せられたとします。まず何をするか。与えられた時間を確認し、その中でやるべきことを書き出してみる。業務が始まったら、できた順に塗りつぶす。それだけで、仕事がどの程度進捗しているのか目で見てわかる。メンバーとも進捗度と充実感を共有できる。

いきなり、プロジェクトを成功させようと大きな目標をかかげるより、小さなことから着実にこなしていく姿勢が大事なのです。

18

優先順位の付け方のコツを教えてください

# 目先のことにとらわれない。全体を見据えた段取り力がモノをいう。

## ◉「重要度」と「緊急度」のどちらを優先する？

一つ前の質問とも関連する話です。同時並行で仕事をする中で、どのように優先順位をつけるのかという問題について考えてみます。87ページの図を参照してください。仕事の内容を「重要度」「緊急度」という観点でみると、重要度、緊急度が高い仕事を最優先に行わなければいけないのは当然です。では、「緊急度が高く、重要度が低い仕事」と「重要度が高く、緊急度が低い仕事」のどちらを優先するか。どうしても緊急度が高い仕事を優先しがちです。

しかし、これが意外に曲者で、大した仕事じゃないのに、その仕事に時間を掛け過ぎると、後に悪影響が出る可能性が出てきます。重要度の高い仕事に割くべき時間がなくなってしまうということです。

ですから、重要度が低い仕事なら、逆に多少遅れても仕方がない。重要度が低いのだから100点を目指さず70点でよいと割り切る。火消しだけしておく。それよりも、重要度が高い仕事を選択すべき時もある。可能なら、重要度の低い仕事は、アシスタントや部下にお願いすることを考える。何でも原則通り、杓子定規に考えるのではなく、時にはそのように思いきった割り切り方をすることも必要です。

## ◉すぐに結論が出ない仕事の場合

次に、同時並行的に複数の仕事を掛け持ちする場合には、どう優先順位を付けるべきか？　お話ししたように、重要度が高い仕事を最優先に行います。

しかし、ケースによっては、問題が大きすぎて、すぐに結論が出ない業務もあるでしょう。そうした場合、その仕事に取り組むべきかどうかという問題が発生します。私の場合は、その事象の問題点（イッシュー）を把握して、いつまでにやらないといけないかのデッドラインを頭に入れる。そして、メモにそのアイテムを書いてパソコンやノートの目立つところに貼って、一度その仕事はわきに置

「重要度」・「緊急度」からわかる仕事の優先順位

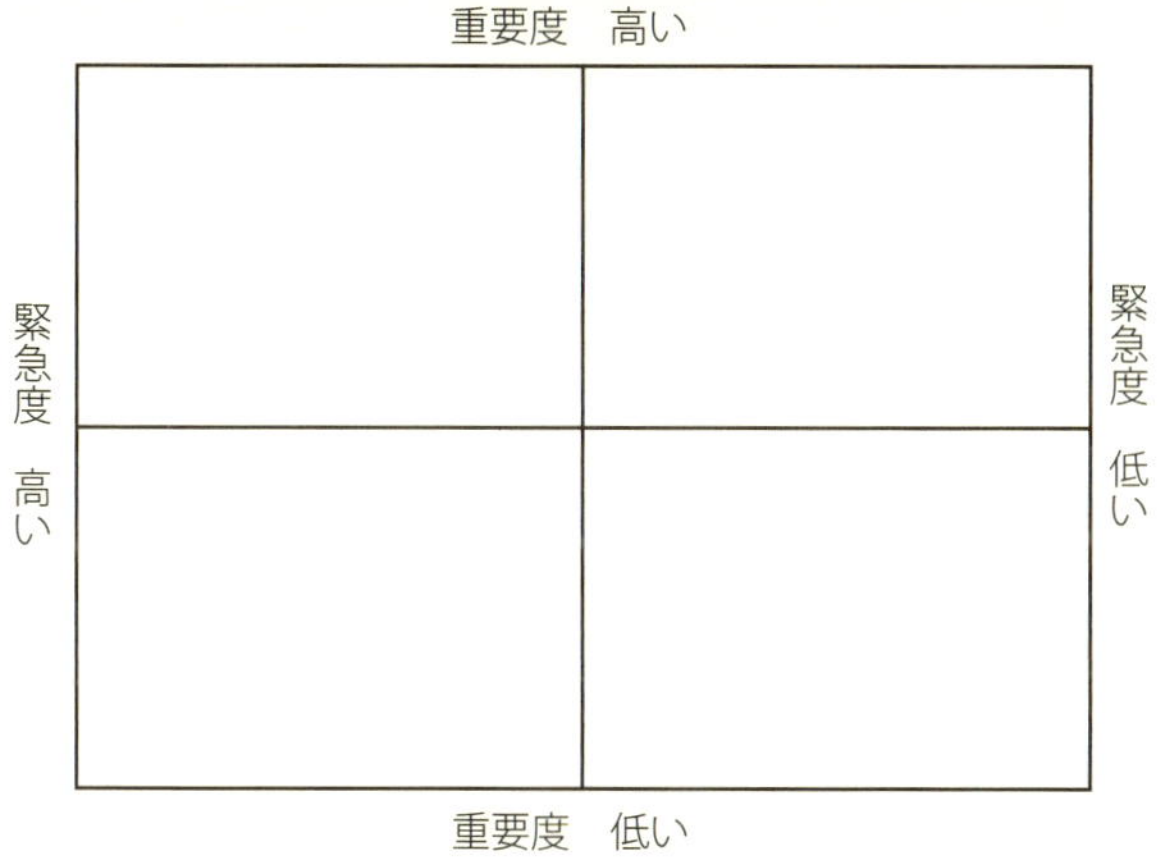


いてしまい、次の仕事に取り掛かるということを選択します。

たとえば、論文やレポートの執筆なら、タイトルをつけて、1行だけ書き出してみて、後はほっておく。そして、比較的容易な仕事から片づけて行くのです。

難しい問題は時間が掛かる。それればかり集中して時間を費やすよりも、ほかの問題に取り掛かって、先に終わらせてしまう。そうすれば、後で難しい仕事を、腰を据えて行う時間を十分に確保できる。

さらに、簡単な仕事をスピーディーに済ませると、全体にリズムが生まれ、スピード感のある仕事モードに頭を転換できる。試験問題で難しい問題だとわかれば後回しにして、できる問題からやって行く。試験と違うのは、一度問題の概略を理解してから、後回しにすることです。

一度手をつけると、人間は潜在意識の中で思考を続ける性質があります。ほかの仕事を行っていても、脳はそのことを考え続けている。その状態にこそ、新しいアイデアを思いつくことが多い。

散歩をしたり、お風呂の中でリラックスしている時に、急に懸案だった問題の解決策を思いついたりすることもあるでしょう。あれとよく似ています。

集中力を高め、物事を突き詰めて考えることも重要ですが、逆に意識を少し外したほうが、よいアイデアが浮かぶ場合もあるのです。

知らぬうちに頭の中が熟してきて、何かの刺激で、アイデアが意識の表面に浮かび上がる。そうした状態をつくり出すためにも、難しい問題は、一度手を付けて、潜在意識に入れてしまった後は、一度そこから離れたほうがよい場合があります。

# 19

クレーム処理など難しい仕事ばかり押し付けられる

# スキルやノウハウを得られるチャンス。絶好の機会ととらえなさい。

## ◉難しい仕事を任されるのは期待の裏返し

確かに難しい仕事を行うのはたいへんです。何で俺がこんなイヤな仕事をやらされるのかとため息が出ます。しかし、嘆く必要はまったくありません。むしろ、自分はチャンスを与えられているのだとポジティブに考えてみてください。

本来は上司がやるべき仕事をあえてあなたに頼んだということは、上司があなたを信頼している証拠です。

たとえば、大事なお客さまへのクレーム処理となると、単に仕事ができるというだけでなく、人間的にも信頼できる人でなければ頼めるものではありません。

さらにあなたにとって見逃せない利点があります。何よりも人の成長は、どれだけ修羅場をくぐってきたかです。「もうダメだ」と思っても、誠意を尽くして頑張れば何とかなるものです。

その経験が自信になり、ハラもすわってきます。

## ◉真の職業スキルを身につけるチャンス

あなたにとっての利点はまだあります。ほかの人にはできない経験を積み、新たなスキルやノウハウを身につけるチャンスを与えられているのです。

今の世の中、一つの会社に骨をうずめる終身雇用の時代ではありません。会社も全社員を雇い続ける余裕はもはやありません。

誰もがいつ会社を出なければならないかわからない時代です。今後はさらにこの傾向は加速するでしょう。そんな時、いちばん必要になるのは、会社を出ても、通用するポータブルなスキルです。上司へのごますりに代表されるようなサラリーマンスキルや、社内人脈は、その会社を辞めてしまえば、まったく意味のないものになります。

そうしたものとは一線を画す、真の職業スキルを、どれだけ学べるのか。

私も日産自動車時代に、突然、販売会社に出向し、車の飛び込みセールスに従事したことがあります。本社からの出向組は、給料が保証されている上に、結構な出向手当もつく。極端な話、車が売れなくても、まったく困らない状況で、モチベーションを保つのは難しい状況でもありました。私はあえて「社長賞」を獲得することを目標に懸命に頑張りました。

その結果、出向組の中ではダントツの1位。同じテリトリーの前任者の9倍の車を売ることができました。

そのこと自体もうれしいことでしたが、本社での業務をしているだけでは、絶対に学べなかったセールススキルも得られましたし、現場で働くセールスマンの意識やたいへんさを、身を持って理解できる機会となりました。これがその後の経営者時代に、どれだけ生きたかわかりません。

今の時代は、「仕事の報酬は仕事」です。

困難な仕事を任せられたことは、チャンスなのです。懸命に取り組み、格闘し、さまざまなスキルを学んでいく。チャンスに恵まれたと思って、難しい仕事にどんどんチャレンジしてほしいと思います。

# 20

職場での感情の出し方、抑え方とは？

# 相手を認め、怒りを鎮める。未来から「今、ここ」を振り返り不安を抑える。

## ◉感情を抑制できない人は未熟者

若い人の中には感情をストレートに出すことを、かっこいいと信じている人がいます。私に言わせれば単に自分の感情をコントロールできない、精神的に未成熟な人。そう断じざるを得ません。単なる世間知らずで、周りの人を不快にさせる。少なくてもまったく格好いいものだとは思いません。

感情の中でも、表に出やすいのは「怒り」でしょう。大声を出して部下をののしる上司は少なくありません。怒りの感情を抑制できず、その感情に任せて怒鳴りつける。みっともないことこの上ないわけですが、では、なぜ彼らはそういう態度をとるのか、考えてみましょう。

怒りを感じる原因の多くは、恐らく、自分に対する過信があるからでしょう。

自分はミスをしない。失敗しない。仕事もできる。上司の要求に100%応えることができる。その自己評価を基準に周囲を見てしまうから、失敗した部下に対して、なぜできないんだと怒りを爆発させてしまうのでしょう。

## ◉挫折が人を優しくする

そういう私も、かつてはそうした傾向がまったくなかったとは言えません。何しろ、若かった時分は、鼻息も荒かった。俺は仕事ができるという自負心もあった。結果も出していたつもりです。

それで、つい仕事ができない人に対しては、努力が足りないんだ、やる気がないんじゃないかと、冷淡に考えてしまう自分がいました。

しかし、そんな自分を変える出来事がありました。アメリカのビジネススクールへの留学前にノイローゼ寸前に陥ったのです。過重な労働と、上司への不信から精神的に追い詰められたことが原因でしたが、それ以来、「自分はノイローゼになるくらい弱い人間なのに、なぜ人に強く言ったり、怒ったりできるのか」と思うようになりました。挫折したことで、他人に対して優しくなることができるようになりました。その結果、怒りの感情もなくなりました。もちろん、必要があって部下を叱ることはありましたが、少なくても怒りに任せて、相手を罵倒するということはありませんでした。

人生は常に順風満帆とはいきません。順風が吹く時もあれば、逆風が吹く時もある。誰だってそんな逆風に見舞われた経験が一度や二度はあるでしょう。

しかし、人はそれをすぐに忘れてしまいます。イヤなことが脳裏に浮かぶと苦痛だからでしょうか。でも、その挫折の経験をしっかりと見据え、自分の弱さと向き合い、それを謙虚に受け止める。自分はまだまだ未熟な人間だと思えば、怒りの感情を制御できるようになります。よきリーダーになるプロセスの一つとして大事なことではないかと思います。

## ◉「今、ここ」を俯瞰《ふかん》する

そして、もう一つ、お勧めしたいのが視野を広げて物事を考える習慣を持つこと。人間は一時的に、怒りや悲しみなど、マイナスの感情に心が支配されることがありますが、そこからすっと離れて高いところから身の回りを眺めてみる。そして、3年、5年、10年たってみると、今まさに心を痛めている問題はどうなっているかと考える。すると、単なる過ぎ行く「瞬間」でしかない、小さな問題であることがわかるでしょう。あっという間に冷静になれます。

私は、よくイヤなことがあると夜中に星を見ながら歩いて、気持ちを落ち着けていました。キラキラと輝く星たちですが、今見えている光は何万年も前にその星から放たれた光です。中にはもはや消滅した星の輝きもあります。私たちが見ている5万光年かなたの星の輝きは、5万年前にその星から放たれた光なのです。その宇宙の雄大さに比べれば、いかに地球はちっぽけであるか。自分がやっている仕事も、今自分が生きている間も、ほんの瞬間の小さな出来事に過ぎないものであるかが理解できる。つまらないことに傷ついていたり、怒りを感じてどうするんだと、よい意味で達観した気持ちを持つことができます。

目の前の仕事に集中しなければいけないのはもちろんですが、どこかにそういう心のゆとりを持つことも必要だと思います。「山よりでっかい獅子はでない」。目の前のことなど、たいしたことないのです。

21

ミッションは、なぜ重要なのですか？

# ミッションは世の中をよくする原動力。誤ったミッションは社会に悪影響を与える。

## ◉ミッションは企業の存在理由を表す

私は企業は自らのミッションに従って、世の中をよくするために事業を行っていると考えています。ただどんなに社会に対してよいことを行っていても、継続しなければ意味がありません。利益は事業を継続するための手段として必要です。どんなに世の中に貢献していても、利益がなければ存続できません。世の多くの人がここを勘違いしています。利益をあげるために事業を行っているのでは、ありません。事業を通じて世の中をよくしているのです。

個人にとっても同じです。地位やお金は目的ではなく、自己実現の手段です。ではどうすれば自己実現できるのか。私は、世のため人のために自分が何らかの貢献ができていると実感できることが、究極の自己実現だと思います。つまり人それぞれのミッションは、基本的に企業のミッションと同じく、世の中をよくすることに結びついているはずです。

京セラの創業者、稲盛和夫さんは、著書『心を高める、経営を伸ばす』（PHP研究所）の中で、いわゆる稲盛方程式とよばれる、次のような方程式を紹介しています。

**人生・仕事の結果＝考え方（マイナス100〜100）×熱意（0〜100）×能力（0〜100）**

この方程式で大切なことは、考え方（ミッション）だけにマイナス軸があること。当初は、この方程式を見ても、私は実感がよく湧きませんでした。

この公式を何年か前に問題を起こした新興宗教集団に当てはめると、なるほどと腑に落ちました。あの新興宗教に入信した人たちは、超一流大学を出た、高い「能力」の持ち主が多い。さらに、彼らの信仰を広げようという強烈な「熱意」もあった。ところが、何を目的とするのかという考え方、つまりミッションが誤っていた。世の中に対して、マイナスのインパクトを持つミッションを持ってしまった。

その結果、高い熱意と能力を、マイナスの方向に向けてしまい、大きなマイナスの結果を社会にもたらしてしまったわけです。

いかにミッションが重要であるかをよく表していると思います。

## ◉リーダーの役割

リーダーの役割は重大です。

ミッション（あくまで健全なミッションであるという前提ですが）を浸透させるために、部下に対して繰り返し、繰り返し説明することはもちろん、あらゆる機会を用いて再認識させる必要があります。

またリーダーは自分一人でも、このミッションを実現するんだという強い覚悟も示していかなければなりません。

もちろん、部下に対する評価にもミッションへのコミットメントを重視しなければいけません。よく仕事ができる部下でも、会社のミッションを軽視し自己中心的な人もいます。

実績さえ残していればいいじゃないか、世のため人のためという考えはご免だと考える人もいます。そういう社員をどう遇するか。

私は、決して人の上に立たせてはいけないと考えます。成果に対しては金銭で報いるべきで、企業のミッションや価値観に沿った考えができない人に高いポジションを与えると、会社を変な方向に向かわせてしまいます。

一般的に数字を上げた人には金銭的な報酬を、高い地位につけるのは実績と人間性の両方を持った人をつけるべきです。そうしないと会社にとっても本人にとっても、決して幸せなことではないと思います。

地位が高くなると、数字以外の資質や人間性が求められる。部下も育てていかなければいけない。自分本位な人には苦手でしょう。荷が重く、かえって、苦労する結果を招くはず。それよりは、プレーイングマネジャーとして、自分の得意分野で力を発揮してもらったほうが、本人にとっても、組織にとってもよい結果を生むはずです。

# 22

リーダーとしての頑張りを部下がまったく理解してくれない

## リーダーに必要なのは忍耐力。反目や批判は仕方がないと腹をくくる。

よきリーダーというものは、組織のミッションを意識しながら、無私の気持ちで結果を出しています。ところが、必ずその努力を理解しないでそっぽを向いたり、批判したりする部下がいるものです。

私にも経験がありますが、そういう時にはとても疲れるし、悩む。しかし結局はそういう人もいるのだとあきらめるしかありません。リーダーとして割りきるしかないのだと思います。

リーダーは孤独であることを覚悟する必要があります。

孔子が言っているように、「由《よ》らしむべし」「知らしむべからず」です。徳によって信頼させることはできるが、すべての人に真実を知らせることは難しい。時にはいわれのない中傷もあり、批判もあるのです。自分のしていることが「自分のためでなく、会社のため、みんなのためだ」と確信した時には、中傷や批判は仕方がないと腹をくくるしかないのです。その時は「恨みに任ずる覚悟」も持つことが大切です。

ところで、それならば、リーダーはいつも頑張って弱みを見せてはいけないのかというと、そんなことはありません。

時には、人間らしい、等身大の自分の姿を見せたほうがいい時もあります。信頼している部下の前では、ぽろっと弱音を吐いたり、本音を話してみる。すると、距離感がさらに縮まることがあります。

ザ・ボディショップ、スターバックス時代を通じて、信頼する部下には、「こんなことで、悩んでいるんだよね」と話したことがありますが、「岩田さん、頑張ってください。僕はついていきますから」と励ましてくれました。部下の側からしたら、おそらく、信頼されていると感じ、意気に感じたのかもしれません。それ以来、彼らはさまざまな形で、陰に陽にサポートしてくれました。上司と部下であっても、弱い自分を見せて人間的な交流、理解を深めることも時には必要だと思います。

23

仕事の失敗をどう考えれば、次につなげられるか？

# 失敗の原因を自分におき、教訓を得る。そのプロセス自体が学びの機会。

## ◉失敗したら、そこから学べばいい

やった上での後悔と、やらなかった後悔。同じ後悔でもその内容はまったく違います。私は断然、やった上での後悔のほうがいいと思っていますし、人にもそう勧めています。チャレンジして、失敗したら、そこから何かを学べばいい。教訓を得ることもできるし、成長できるチャンスでもある。

私も失敗や挫折を多く経験してきましたが、そのつど、後から考えるとそこから教訓を得ることができました。それが、現在の自分を支えているといっても言い過ぎではありません。失敗してそのチャレンジをとても後悔することもありますが、それを乗り越えることこそが、貴重な経験であり、重要な学びのプロセスなのです。

一方で、やらなかった後悔というのは、そもそも挑戦していないのだから、何の教訓も得られない。そこに学ぶべきものは何もありません。

中には失敗や降りかかるリスクを考え、チャレンジを避ける人がいますが、その選択こそが、後に大きなリスクとなることもあるのです。

一度失敗を経験した人は、気をつけなければならないという意識が働くために、同じ失敗をする確率はぐっと減ります。失敗を経験していない人は、それを回避する智恵を持っていません。ひょっとしたら、もっと致命的なレベルで、その失敗をしてしまうかもしれない。つまり、失敗を経験していない人こそリスクを抱えているのです。

私自身もアトラスでの社長就任時に、ある失敗をしたことがあります。はじめて社長を経験するということで、張り切っていた時期のこと。会社が厳しい状況にあったこともあり、何とか立て直したいという気持ちも強かった。

それが、社員に対する就任演説に濃厚に出てしまいました。勇んで、企業価値経営、キャッシュフロー経営など、ビジネススクールで学んだようなことをとうとうと話したのです。当然のごとく社員からは何の反応もありませんでした。

彼らが求めていたのは、私がこの会社をどのように立て直し、その後にはどんな明るい未来がまっているかという、私自身の血の通った言葉だったからです。それを思い違いしていたのが失敗の原因でした。

この失敗を経験して、私は次のザ・ボディショップでの社長就任時には、同じ轍《てつ》を踏むまいと、「社長就任挨拶7つのお願い」として、生身の言葉でわかりやすく語りかけたところ、何人かの女性社員が涙を流して聞いてくれたのです。

## ◉他人を責めるな

ところで、失敗をよき教訓とし、そこから知恵を得るために、欠かしてはいけないことがあります。失敗の原因を自分自身に置くことです。運が悪かった。景気が悪かった。上司の指示が悪かった。言い訳はいくらでもできます。もちろん、そうした事情も、失敗を導いた原因の一つだったかもしれない。しかし、そこに決定的に欠けているのは、自分自身への真摯な内省《ないせい》です。

自分の判断が間違っていた。状況を甘く見て準備が足らなかった。パートナーとの信頼関係が築けなかった。あくまでも失敗した原因が自分にあると認めれば、そこから何かを学ぶことができる。今後は気をつけようと注意することもできる。しかし、失敗の原因を自分以外のものに転化してしまっては、何も学ぶことはできません。残るのは、他人や世の中への恨みだけ。他責にした瞬間に、せっかくの成長の機会も失ってしまうのです。

私の知り合いにも、自分の失敗や挫折の原因を他人のせいにする人がいます。自分には若い時から夢があった。しかし、長男であるため、家業を継がざるを得なかった。自分の人生は、家や親の犠牲になってしまった。口をついて出るのは愚痴ばかり。しかし、私が見る限り、彼は何度も軌道修正するチャンスがありました。少し回り道をしたかもしれませんが、夢を実現することも決して不可能ではなかったと思います。

ところが、私には彼が自分の夢をかなえようと努力したようには見えませんでした。結局のところ、自分の努力や信念が足りなかっただけなのです。

人生は自分で切り開いていくしかない。仕事のキャリアも自ら積み重ねていくしかない。自らを恃《たの》む、強い気持ちでチャレンジし、失敗や挫折に立ち向かい、それを克服していくしかない。その覚悟が求められているのだと思います。

24

客の信頼を失い、怒らせてしまった。どう挽回したらいい?

# マイナスに振れた振り子はプラスにも振れる。誠意を見せて人間性を認めてもらいなさい。

## ◉サンドバックになって打たれ続ける

お客さまの信頼を失った。怒らせてしまった。

そういう場合は、まず相手に誠意を見せることがいちばん大切なことです。直接会いに行き、頭を下げる。ひたすらサンドバックになり、相手の言い分に耳を傾ける。

仮に自分たちに過ちはなかったとしても、相手が感情的になっている時には、こちらの事情や言い訳をいっさい言わないこと。

これが肝心です。

弁解は火に油をそそぐだけの結果に終わります。まずは言い分をよくお聞きして、その後、理性を取り戻してもらってから、はじめて事情を伝えます。

この順序を間違ってはいけません。

相手も冷静になると、「ああそうだったのか。こちらにも落ち度があったな。少し言い過ぎたな」と理解してくれるでしょう。

場合によれば、こちらの誠意ある対応に、かえって信用を増してくれることもあるかもしれません。

仕事上、どんなに気をつけていても、お客さまの感情を害してしまう事態は起こります。できれば避けたいところでしょうが、クレームも完全になくすことはできません。

ではどうするか。

そこから逃げるよりも、正面から向き合っていくしかない。むしろ、クレームや、お客さまのお叱りは、ありがたいことだと真摯に受け止めるくらいの気持ちが必要だと思います。

## ◉愛情の反対は「無視」

マザーテレサは、「愛情の反対は無視」であるとの意味の言葉を残しています。

私もアメリカに留学していた時、そのことを実感しました。

ビジネススクールでは、世界中の秀英《しゅうえい》たちが集まって来ています。伝統的な白人エリート層とも席を並べて学んでいましたが、彼らの一部は、まったくわれわれアジアの学生に関心を示しませんでした。

まるで私たちの存在が視界にすら入っていないような印象で、一切接触を持とうともしてこない。この時、マザーテレサの「愛情の反対は無視」の意味を深く理解しました。

その一方で、隣国の韓国の人は、お互い複雑な問題を抱えていながら、私たち日本人に対して、心を閉ざすようなことはありませんでした。「侵略問題についてどう思う?」などと議論を求めてくることもありましたが、むしろ積極的にコミュニケーションをとろうとしているようです。

もちろん、その過程で何人もの人と仲良くなることもできました。

お客さまも同じです。

こちらの対応に不信を覚えているとしても、クレームを言っていただけるのは、完全に「ノー」と言っているわけではない。もう一度、信頼を取り戻せる機会を与えてくれているのです。

その意味でクレーム処理はチャンスです。適切に対応することで、むしろ、こちらのファンになってくれますから。クレームも言わないお客様は、だまって次回は別の会社の製品を買うだけです。

## ◉マイナスになった信頼をプラスに転じさせる

日産自動車時代、こんな経験をしました。

大阪で車のセールスをしていた時のことです。夕陽が沈みかける中、私は車で移動中でした。交差点で一旦停止して前へ出ようとした瞬間、酒屋さんの配達用のバイクと接触してしまったのです。

幸い、双方とも大きなけがはありませんでしたが、バイクの運転者は病院で手当てを受けたとのことでした。彼は酒屋さんの従業員だったのですが、それからというもの、私は連日その酒屋さんに様子伺いに通いました。

元来、私はお酒が弱い体質ですが、そのつど、ビールやワインを購入して帰りました。毎日、その小僧さんの様子を伺い、言葉を交わしていると、その店の無愛想だった大将はワインについて、いろいろ説明をしてくれたり、少し値引きしてくれるようになったのです。

その後も通い続けていると、思わぬことが起こりました。

その大将がいきなり「いちばん高い車のカタログを持っておいで」というのです。早速、言われた通りに、当時販売所で売っていたもっとも高価な車のカタログを持って行くと、「よし、じゃあこれ買おう」とひと言。値引きもせずに、その場でぽんと契約してくれたのでした。

さらに、「あそこの家の車、だいぶ古いから、行ってごらん」というような、非常にありがたい情報も提供してもらいました。

これが、私の営業成績の向上につながったことは言うまでもありません。

お客さまの信頼は一度大きくマイナスに振れたとしても、その分、適切に対応し、自分を認めてもらうと、大きくプラスに振れることもある。そのチャンスをもらっているのだと受け止めることが大切なのです。

25

部下が失敗を恐れて、積極的に動かなくなってしまった

# 前向きにチャレンジする部下を評価する。その結果責任は上司がとる。

## ◉失敗しても会社はつぶれない

「好きにやってこい。お前が失敗しても、日産はつぶれないんだから」

私が今でも心の師と仰いでいる上司が、私にかけてくれた忘れられない言葉です。まだ日産自動車に入社して2年目の時。仕事の進め方もよく理解していない中、日産系列の部品メーカーさんに対して、生産性向上活動やTQC活動のお手伝いをする役目を担いました。新米同然だった私は気おくれしていたのも事実ですが、一体、部品メーカーの経営者に何を提案すればいいのか。この時の上司の対応は、私にリーダーたる者の心構えを教えてくれました。全力で仕事に立ち向かうことができたのです。この言葉で腹をくくることができました。

この時の上司の対応は、私にリーダーたる者の心構えを教えてくれました。その後、私は上場会社も含め3社の経営者となりましたが、ますますその教えの重

要性を認識するようになりました。

たとえ部下が失敗したとしても、その結果責任は上司が取るのは当たり前。部下が勝手に行ったことでも、自分のこととして受け止め、謝りにいく。結局、自分の監督が足りなかったと受け止める。

それを前提に、部下には思い切り自由に働いてもらう。これを鉄則としてきたおかげで部下の信頼を勝ち取ることができたように思います。責任はちゃんと上司がとることをわかってもらえれば部下は積極的に行動するようになるのです。

## ◉問答無用に声を荒げてはいけない

部下が極端に消極的な行動ばかりとるのだとしたら、恐らく、過去に失敗をした時に、上司からかなりきつい叱責を受けた経験があるのではないでしょうか。それがトラウマになっているのではないかと思います。

上司は部下の失敗であっても、結果責任が問われますが、評価する側に立てば、そのプロセスを見てあげる必要があります。もし、やるべきことをやっていなかったら叱りますが、やるべきことをやって結果が出なかった場合には、一切叱らない。これが大切です。仮に、失敗した部下に対し、強く叱責してしまうと、それ以後、部下は一切、リスクをとらなくなります。あるいは自分で考えなくなり、なんでもお伺いを立てに来ます。積極的に行動して、失敗したら怒られるのであれば、挑戦するだけ損だからです。

これではチャレンジ精神にあふれ、積極的に行動する企業風土は生まれません。

私は意思決定をする際に、「前向きなチャレンジで、最大のリスクが許容範囲なら、迷った時にはやってみる」。これを、決断を下す基準にしていましたから、リスクをとってチャレンジした社員を、むしろ高く評価していました。周囲にいる社員もその姿を見せることで、「ここまではリスクをとっていいんだな。自分もここまでは積極的にやっていいんだな」と理解してもらう。それが社内のチャレンジ精神を醸成するのです。

## ◉これぞスターバックスだ

スターバックス時代に、こんなことがありました。ある女子高生のお客さまの話です。彼女はスターバックスの大ファン。学校帰りには毎日のように通っていました。そこで売られているシナモンロールが大好物で、いつも注文されていたようです。

彼女は、幼いころから心臓に病気を抱えていました。心臓移植に夢を託し、家族でアメリカにわたって、そのチャンスを待つことを選択しました。

日本を発つ前日、彼女は父親に、スターバックスの焼きたてのシナモンロールを食べたいと懇願します。自宅を出るのは開店前です。でも、父親はその願いを叶えたいと、彼女が通い続けた店舗を訪れ、翌朝、娘のためにシナモンロールを届けてくれるようにお願いします。翌日の早朝。駅には、焼きたてのシナモンロールを持って、彼女を待ち受けていたパートナー（従業員）の姿がありました。

常識的に考えると、このパートナーの行動はルール違反です。就業時間外に商品を持ち出して、さらにお金のやり取りまでしているのですから。

しかし、私はこのパートナーの行動を、これぞ、スターバックスだと賞賛しました。

これは社員に対する私なりのメッセージでもありました。ルールに違反しているかもしれないが、スターバックスのミッションを実践することのほうが、はるかに大事なのだということを伝えたかったのです。

## ◉「頑張ったけど」と言い訳するな

ちなみに、ここで一つ、注意してもらいたいことがあります。

上司は部下が失敗しても、そのプロセスを見て評価することが大事だと言いました。しかし、部下はそれに甘えてはいけません。

部下の側としても、やはり結果にこだわらなければいけない。失敗して、「頑張ったけどできませんでした」と言い訳をする人がいますが、頑張ったと評価するのは上司であって、自分から言う言葉ではありません。いくら頑張ったという意識があったとしても、結果が悪ければ、頑張っていないのと同じこと。それぐらいのプロ意識を持たなければいけません。

「リーダーが結果しか見てくれない。プロセスや努力も認めてほしい」と訴える人もいますが、自分から言う言葉ではないと思います。

# 26

「やれ」と命令するトップダウン型リーダーの欠点は？

# リーダーの器以上に組織は成長しない。イエスマンばかりが優遇され、人材が枯渇する。

## ◉リーダーには２種類ある

リーダーには大きく二つのタイプがあります。一つは聞く耳を持たず、力ずくで指示命令する「トップダウン型リーダー」。もう一方は、一緒に目標を達成すべく組織を導いていく「支援型リーダー」です。一概に、支援型リーダーが優れていて、トップダウン型リーダーが劣っていると、単純に考えることはできません。何を目指すのか、どういう状況なのかによって求められるリーダー像が変わってくるからです。

たとえば、戦時の軍隊であれば、トップダウン型リーダーでなければ機能しません。「あの陣地をわが軍が奪取するために、どうすればいいと思う？　みんなで一緒に考えて、結論を出そう」と提案しているうちに、敵に攻め込まれてしまいます。議論する余地はありません。リーダーが的確に状況を判断し、問答無用に「狙え」「撃て」「進め」と果敢に命令する。そのように、多少強引であっても、有無を言わさずに統率しなければいけません。

会社がつぶれかかっている。急激な円高で、コストカットをしなければいけない。そうした非常時にも、トップダウン型リーダーがスピード感を持って、次の手を考え、行くべき方向性を指示し、力づくの実行をさせることで難局を打開することができるのです。

## ◉平常時にふさわしいリーダーは

しかし、平常時になるとどうでしょう。トップダウン型リーダーによる統率はメリットよりも、デメリットのほうが大きいと言わざるを得ません。

デメリットの一つは、組織がリーダーの器以上には大きくならないということです。織田信長のような天才的なリーダーだったらまだしも、そんな天才はめったに出現しません。すぐにリーダーの器の限界が露呈します。

それよりは、部下からも広く意見を集め、みなで議論し、それに向けて総力を挙げて努力したほうがいい。衆知を集めることで、リーダーの欠点を補い、その限界をはるかに超えることができるのです。

これを実践したのが、鉄鋼王のアンドリュー・カーネギーです。彼は、墓碑に「自分より優秀な人を集めた人、ここに眠る」と刻ませましたが、その通り、彼は優秀な人材を集め、重用しました。そのおかげで、本人の能力以上に大きな会社になり、彼自身も歴史に名前を残すことができたのです。

## ◉人材が育たない

トップダウン型リーダーのデメリットはまだあります。それはリーダーのとても大切な役割である、人材育成ができないということです。自ら物事を考え決断できる社員が生まれないからです。

それもそのはず、トップダウン型リーダーの命令は絶対です。そこに言葉をさしはさむことは許されない。周囲はイエスマンで固められ、リーダーの指示を着実に実行する人材ばかりが求められる。結果、リーダーに依存する、指示待ち人間しか出てこなくなるのです。

トップダウン型リーダーの意識も問題です。自分は余人をもって代えがたいと、いつまでも実権を握り続けたがる傾向があります。社員が育たないのは、自分が実権を握り続けているからなのですが、そのことに気がついていない。辞めてしまったほうが、社員は危機感を覚えて、自ら行動するようになるとは夢にも思わない。

戦後間もなくのことを思い返してみてください。公職追放で何万人という日本のリーダーが追放されました。財閥系の多くの大企業が解体され、一からのスタートを切らざるを得なかった。その時、30代、40代の社長が多く生まれました。恐らく、一時はどうなるか、うまく采配を揮《ふる》うことができるか、本人たちも含めて不安だったでしょう。でも、結果はどうだったでしょうか。これら若きリーダーたちは日本の高度成長を牽引《けんいん》したのです。

非常時にこそ、活躍できるリーダーは確かにいます。しかし、平常時には、平常時にふさわしいリーダー像がある。そして、息の長い、安定した成長を続けるためには、やはり支援型リーダーが必要です。そのことを自覚できるリーダー、企業こそが、持続的に成長できるのだと思います。

27

リーダーが陥りやすい失敗とはなんですか?

# 地位に「人間性」が追いついていない。まずは責任の大きさに畏れを持ちなさい。

## ◉私心がある以上、よきリーダーにはなれない

組織がある以上、必ず、それをまとめるリーダーが必要です。少なからず人がリーダーになりたいと考えるのは、出世し、高い地位を手に入れたいからでしょう。実際、高い地位につくと、裁量も大きくなるし、給料も含めて、多くのものを手に入れることができます。要するに権力を手に入れることができるのです。

しかし、厳しい言い方かもしれませんが、こういう心がけでは、よきリーダーにはなれません。リーダーとはそもそも、私心を捨てて、部下のため、組織のためを優先しなければなりません。これがリーダーに求められる資質です。

逆に、私心が強い人、そして、公私混同が激しい人はリーダーに向いていません。チームで成し遂げた実績を、自分の手柄にしてしまうようなリーダーには部

下がついていかない。結局は人間性がいちばん大切なのです。

高い地位につくと、その地位に押しつぶされてしまう人がいます。誘惑に負けて不祥事を起こしたり、部下から反目されたり。ほとんどはリーダーの資質が欠けていることに起因しています。地位というものの意味をはき違えているのです。ピーター・ドラッカーは、「地位は権力ではなく、責任である」と述べています。地位が上がると権力に目が行きがちです。そして、「俺はえらくなったんだ」と勘違いし、急に態度が大きくなり、謙虚さを失ってしまう。要するに地位は権力だと勘違いしてしまう。

本当はドラッカーが言うように、地位が上がれば上がるほど、責任も大きくなることを思い知るべきです。そのことを自覚すれば、むしろ自分の権力や影響力の大きさに畏《おそ》れを感じるのがふつうです。

実際に、会社や取引先で働く人の生活や将来を背負っているわけですから、高い地位を得たとしても浮かれることはできないはずです。私心を捨て自分を投げ出して、部下のために、組織のために懸命に仕事をする覚悟や人間性が求められるでしょう。結局はさらに自分の人間性を磨く以外ないのではないでしょうか。

28

正しい意思決定でリーダーが重視すべきことは？

# 拙速に判断せず、ぎりぎりまで情報収集。可能な限り一次情報を収集せよ。

## ◉事実を集めよ

リーダーの意思決定によりビジネスは進んでいきます。リーダーのもっとも大きな役割とは、決断を下すことといってもよいでしょう。

当然、その決定には大きな責任が伴う。ゆえに、意思決定は正しく、適切なものでなければいけません。

正しい意思決定をするに当たって、私が重視したのは、事実（ファクト）を集めることでした。情報やデータを幅広く集められれば、その分だけ、正しい判断ができる確率が高まります。

判断を誤るのは、情報が集めきれない場合、あるいは偏った情報で物事を判断してしまう場合が多いのです。

だからこそ、私は時間が許す限り、事実を集めることに力を尽くしました。そして、締め切りまで拙速《せっそく》に判断することをあえて避けました。

この意思決定はいつまでに下さなければならないのかを常に確認した上で最後まで情報収集する努力をしました。極端な話、3日後であるならば、その3日目の、期限直前まで情報集めに時間を費やします。

そして、多くの人に意見を求めます。幅広い事実や情報を頭の中に入れ、タイムリミットぎりぎりまで考え続ける。

スピードが重視される世の中ですから、意思決定も即断即決が求められると思われがちですが、何よりも避けなければいけないのは、十分な事実が集まっていない中で、見切り発車的に判断を下すこと。

スピードにとらわれて、判断を誤ってしまっては本末転倒です。大事なことは正しい判断を下すことなのです。

## ◉事実と判断を混同しない

もう一つ、大事なことがあります。それは現場から情報を集める際に、事実と判断を混同しないということです。

リーダーがほしいのは、あくまでも事実です。主観が入った情報や判断は必要ありません。情報が下部組織から順繰りに上がっていく時に、報告者の判断が加わると、いつのまにか事実が歪曲《わいきょく》してしまうということがよく起こります。

その危険性があるから、私は可能であれば実際現場に行って自分の目で見てみます。現場で起こっている一次情報を重視します。

たとえば、あるお客さまを怒らせてしまったという出来事が発生したとします。そうした場合、「社長、あのお客さまはうまくなだめましたので、大丈夫ですよ」と報告を受けたとしても、私なら「なだめたから大丈夫という、あなたの判断はいい。とりあえず、何が起こったのか正確に教えてください」と伝えます。

もしかしたら、そのお客さまは、かつてお世話になっていた人かもしれない。会社が傾きかけた時、それを支えてくれた恩人かもしれない。だとしたら全然大丈夫ではない。あとよくあるのは、本当にお客さまが怒っている原因を間違って理解していることがあります。商品そのものの品質不良より、最初に窓口になった人間の対応の仕方が不良だった、など直接お客さまの口から本当の原因を聞かなければなりません。この場合ふつうの謝り方では十分でなく、社長自ら頭を下げに行かなければいけないかもしれません。

どうしても部下は狭い視野で物事を見、その範囲の中で判断するものですが、もっと広い視点で見た時には、別の判断が出てくる可能性があります。

人は悪い情報はできるだけ小さく報告しがちです。人を信じてもいいのですが、人のすることを信じてはいけないのです。

## ◉数字のトリックに要注意

さまざまな情報の中でも、一次情報としてもっとも重視すべきは、数字やデータなど客観的な情報です。

私が毎日、店舗ごとの売上げの数値をチェックしていたのもそのためです。「好調です」と報告を受けても、どう好調なのかわからない。そこで、必ずもとの数字に当たるのです。

この数字チェックも注意しなければいけないことがあります。たとえば、よく「平均値」を出すことがありますが、これが曲者。現場には赤という事象と青という事象が存在している。しかしそれを平均すると、紫になってしまう。これだけ見ると、「ああそうか、世の中には紫の事象が多いのか」と考えてしまいそうですが、マーケットには赤か青しかない。紫の事象はまったく発生していないのです。

それを理解していなければ、打つ手も間違ったものになってしまいます。

さらに、調査会社が行うアンケート調査も要注意です。

一体何人からアンケートをとったのか、その数が明示されていないことがある。もしかしたら、周囲の10人ぐらいに適当に意見を聴取しただけかもしれない。あるいは、対面でインタビューしたのか、電話を使ったのか、インターネットでのアンケートなのかがわからない場合もある。

いかにも客観的なデータに見えて、都合のよい数値が出るように、情報操作するケースも少なくない。こうした情報を基に判断をすると、やはり間違いが生じる可能性が出てきます。気をつけなければいけません。

# 29

## リーダーは「現場」を知るためにどんな努力をするべきか？

# 現場訪問がすべての基本。現場と本社の距離を縮めなさい。

### ◉現場こそがすべて

ザ・ボディショップ、スターバックス時代を通じて、私は時間の許す限り店舗訪問を行ってきました。

なぜ、店舗訪問にこだわったのかというと、現場こそが、売上げのほとんどを稼ぎ出す要《かなめ》の場所だったからです。スターバックスでは、パートナー（従業員）が年間2億回近くお客さまにありがとうございます、と言ってコーヒーを差し出してくれている。これが積み重なって1000億円もの売上げが達成できるのです。その最前線に身を置くことは、私にとって大切なことでした。現場を訪れ、パートナーやお客さまと直接に触れることで、経営者が現場を重視している姿を内外に示す。さらに、現場に足を向けることで、最前線で働く人たちの意見や考えを理解し、経営判断に生かすこと心掛けました。

一般的には地位やポジションが上がれば上がるほど、現場から距離が出てきます。意識的に足を向けないと、どんどん現場から遠ざかっていく。本社での仕事に忙殺されると、なおさらです。すると、現場と経営陣との距離が広がってしまう。これは、現場の従業員も敏感に感じます。私自身も日産自動車の時代から、現場での勤務を経験するたびに、本社は現場の実態を何も理解していないとよく感じていたものです。そうした思いが高じると、現場が機能しなくなる。いくら本社が指示を出しても、現場の実態にあっていない、だからそれを実践してくれない。リーダーは常に最前線の現場に目を向ける必要があるのです。

## ◉非公式のチャネルづくり

そうした思いから、店舗を訪問していましたが、それでも限界があるのも事実。時間的な制限がありますから、頻繁には訪れられません。

そこで、お店の実態や状況を日ごろから知るために、常に現場の情報が入ってくるように、独自なチャネルづくりにも力を尽くしていました。

電話一本で、何でも聞ける相手をつくるのもその一つです。

「今、お店ではどういうことが問題になっているの？」

「あのプロモーション、お客さまの反応はどう？　お店の人は意図を理解してくれている？」

というようなことが聞ける、インフォーマルな情報源をいくつか持っていれば、どんなに多忙でも、現場の声を聞くことができます。

この時、注意しなければいけないのは、情報源は秘匿《ひとく》すべきだということ。そうしないと、相手に迷惑がかかってしまいます。

「お前、そんなことまで社長に報告しているのか？」とプレッシャーがかかってしまったらたいへんです。二度と有益な情報を提供してくれなくなります。

また、社長とその情報をもたらしてくれる人が特別な派閥を形成しているのではないかと、内外に疑いの目で見られてしまうこともあるでしょう。秘密警察といったら、少し大げさですが、そういうふうに感じてしまう人もいるかもしれません。余計な誤解を与えてはいけません。だからこそ、信頼できる人にその役割を託して、密かに行うことが大切だと思います。

# 30

失敗しない部下の評価法を教えてください

# 「人を見る目がある」と考えるのは錯覚。多面的に評価し、誰もが納得のいく人事を。

## ◉人が人を正しく評価するのは不可能

私はかつて、自分には人を見る目があると思っていました。ところが、やがて、それは錯覚だと思い知りました。今では、人が人を評価することも難しい。むしろ全知全能の神でない限り、不可能だとさえ思うようになりました。

実際に、私も多くの間違いを犯しました。非常に仕事もできるように見えるし、自分の要求に何でも応えてくれそうな社員がいました。しかし、そうした姿は彼の一面にしか過ぎませんでした。

私の目の届かないところでは、部下にぞんざいな態度を取り、私の悪口を言うこともしばしばだったことを後になって知りました。社外での評判も決してよいものではありませんでした。

それを知らなかったばかりに、彼を昇進させたところ、重要な機密情報を漏らしたり、部下のモチベーションを落としたりして、経営に悪影響を及ぼし、大失敗をしました。

その昇進に懸念がなかったわけではありません。採用や昇格については、迷ったらやめるが鉄則だと思い知りました。

## ◉上司に媚びる社員には気をつけよ

今までのビジネス経験上、上司にいい顔をしたり、ゴマをする社員に限って、逆に部下に対して同じような態度を求める傾向があるということです。こうした人は上からとても重宝がられるが、下からの評価ががらりと違う。人事を行う際には、こういう二面性がある人間も存在するのだということを踏まえて、実施しなければいけません。

だからこそ、部下を評価するためには、多面的に見ていく必要があります。部下の、その部下にもさりげなく評判を聞いてみる。身近な同僚の評判はどうなのか、探ってみる。あるいはアシスタントの女性社員にも、ふだんの彼の人間性について確認する。上から見えている姿と、横や下から見える姿に大きな開きがある人は、やはり問題があると考えるべきでしょう。

あるいは、人事制度として、外資系企業がよく行う360度フィードバックをするのも手でしょう。部下に上司を評価させることで、ふだんリーダーには見えない姿があらわになることもあるし、逆に部下からのフィードバック評価を契機に、上司も成長できるチャンスを得ることができる。

査定の時には、必ず上長が面接時に部下からの評価もフィードバックして、指導する必要があります。

## ◉人事はトップからの最大メッセージ

いずれにしても、採用や昇格などの人事は慎重の上に、慎重を重ねて行う必要があります。

というのも、人事はトップからの究極のメッセージだからです。やる時には毅然とやるが、迷いがあったら控える慎重さも必要です。

もし、お客さまや現場ではなく、上司にいい顔をする人を重用すると、それが社内の出世モデルとして認知されてしまいます。

その結果、みなが上にゴマをするようになる。

また業績や数字ばかりにこだわり、ミッションをないがしろにしたり、部下を育てない社員を昇格させると、ミッションよりも数字ありきの社内風土が醸成されてしまいます。

トップがどのような言葉のメッセージを発しようと、結局誰を出世させるか、誰を出世させないかが最大のメッセージです。人事はいつの時代でも社員にとって、もっとも大きな関心事であることは間違いありません。誰もが会社からの人事評価に注目しています。

そのことを忘れずに、人格や本当の実力までも見据えた人事評価を行うことが重要だと思います。

# 31

指示待ち人間から脱却するには？

# サラリーマン根性を捨て、企業家精神を持つ。まずは会社の原点、ミッションに戻る。

## ◉何のために働いているのか？

私がイオンフォレスト（ザ・ボディショップ・ジャパン）の社長になって、真っ先に心を痛めたのは、「ザ・ボディショップは好きだけど、イオンフォレストは嫌い」と言って辞めて行った社員が多かったことです。

みんな創業者のアニータ・ロッディックが好きで、その理念に共鳴して入社したのに、業績が悪かったこともあり、社会貢献活動どころではなかったからです。

そのため、もう一度アニータの理念に戻ろう。5 Valuesを実践して行こうと訴えました（5 Values：動物実験反対、フェアトレード、セルフエスティーム、人権尊重、環境保護）。

もちろん、すぐに大きな変化は起こりません。

まず社員にしか認められていなかった月に半日のボランティア活動ができる権利を契約社員、一定の条件を満たしたアルバイトに拡大しました。それ以外にもいろいろなザ・ボディショップらしい施策を実施しました。

私は少しでも社員の皆さんがザ・ボディショップで働いている意義を再認識してもらいたいと思いました。

## ◉経営者の気持ちになってみる

もし、あなたが指示待ち人間から脱却したいと思えば、もう一度会社のミッションを確認し、自分の仕事の意義を再認識する。その中で自分のミッション、将来のキャリア、あるべき姿を想定する。そして、従業員一人（つまりあなた）の自分カンパニーの社長になったつもりで、自分をどのような戦略で、いかに成長させて行くか考えてみることです。

これから少子高齢化でマーケットが縮小していく日本では、かつてと違って大企業でさえ、すべての従業員を定年まで抱える余裕はありません。

社内での自分の立場を守るため、サラリーマンスキルをコツコツと磨いて、無事に定年を迎えることを生きがいとする。

かつては、そうした人が社内で評価を受けたこともあったでしょうが、現在、そうしたキャリアモデルは、もはや破綻しています。

それよりは、新しいことに挑戦し、高い目標を持ち、自分の考えの下に行動する「企業家精神」を持つことが大事です。

自分が経営者、もしくは役職者のつもりで、仕事を見つめ直すことで、社畜人間から脱却できると思います（社畜人間：勤めている会社に飼い慣らされてしまい、自分の意思と良心を放棄し奴隷（家畜）と化したサラリーマン）。

32

セールスで実績を上げるためには？

# 商品に対する自信が必要。BtoCでは相手の立場を考えた戦略を。

## ◉自社商品に惚れ込む

あらゆる職種の中でも、もっとも厳しいと言われるのがセールスの世界。すべて結果が数字となって表れる、まさに冷酷な世界です。その中で、実績を上げるために何が必要か。私はもっとも大事なことは、セールスマン自身の自信だと思います。自社商品に惚れ込むことです。

端的に言えば、「この商品をご購入いただければ、皆さんにもメリットがありますよ。絶対にご納得いただけますよ」とお客さまに、堂々と言えるかどうかということだと思います。

そうした自信がないから、すぐに価格引き下げに頼った交渉になってしまうのです。

私は、値下げは麻薬と同じで、自殺行為だと考えています。

牛丼業界が典型です。３００円台の牛丼が出始めた時には、非常に驚きましたが、今は誰も何とも思わない。「牛丼は安いもの」というイメージが浸透しただけです。

実際、価格を下げることで、人件費をはじめとしたコストカットせざるを得ません。これにより、現場は著しく疲弊し、お客さまへのサービスも落ちてくる。売上げも期待したほどには上がらない。逆にお客さまの支持が下がるだけです。

なぜでしょうか。

値下げはブランドを毀損《きそん》する行為だからです。ブランドとはお客さまとのお約束。「この商品は、これだけのクオリティがある。品質がよい。だから、この代金を頂戴します」という約束を破る行為が、値下げです。

今日１万円で買った商品が、翌日に９０００円で販売したら、すでに購入していたお客さまはショックを受けるでしょう。

もうその企業の商品は買わなくなるかもしれません。価格に対する信頼がなくなった途端、企業に対する信頼もなくなるのです。

私はルイ・ヴィトンのファンですが、品質の良さやどのお店に行っても素晴らしい接客を受けることができることはもちろんですが、何よりも魅かれるのは絶対に値引きしないブランドとしての信頼感。アメリカにいた時は、日本人の観光客が商品を買い漁るのを見て、「どうしてこんなに高価なものを買うのか」と不信に思ったものでした。試しに自分で買った結果、その商品の背後にある伝統、ストーリー、そして品質に対する信頼感を覚えるにつれて、高いブランド価値を理解しました。

売上げを確保するために、いくら値下げへの誘惑を感じようと、そこに手を出してはいけない。価格を下げるぐらいなら、サービスや商品をさらに充実させるほうがよっぽどいい。そうしなければ、お客さまからの信頼を得ることができないし、お客さまに直接販売するセールスマンのモチベーションや自信も奪う結果になるのだと思います。

## ◉相手に社内交渉しやすくさせる

一般の消費者を想定して説明してきましたが、ここからは会社対会社のセールスの話もしてみましょう。これは、一般消費者に対するセールスとは、戦略が異なります。

相手の企業がどのような形で物事が決定するのか。それに沿って、いかに自社に有利なセールスを行うのかという駆け引きが重要になります。

ここで、大切なのが、相手の会社の担当者の立場に立った戦略です。その担当者も組織の一員であり、サラリーマン。自分自身の懐を痛めるわけではありませんから、相手の立場を理解すれば、要求は通りやすくなります。

金額にもよるでしょうが、誰が決定権者かをまず知らなければなりません。通常、担当者には決定権はありません。担当者を窓口に、どうしたら社内でこちらの要求を通してもらえるのか。相手企業の物事の決定方法まで踏まえながら、担当者が社内を説得する材料や理屈を考えてあげるのです。

だから、セールスマンは相手先とのコミュニケーションが欠かせません。決定権者は誰なのか、何を重視しているのか？　自社の社長自らのトップセールスが有効なのか、逆効果なのかなど相手の手の内を知る努力が求められています。

逆に物を買う立場の時も、たとえば、「取引先から値引きしろと言われました」

では、セールス担当者は社内で稟議を通すことはできません。

そこで、「A社は複数の競合会社から相見積りをとっています。値引きに応じないと取り引きの継続は難しい」と、担当者が社内で納得してもらいやすい理屈を考えるわけです。

さらに、私がよく言っていたのは、「社長の私を悪者にしろ」ということでした。「社長がどうしてもあと300万円値引きしろと言っている。そうすれば稟《りん》議《ぎ》が通る」と告げれば、それが少々無理なことであろうと、言っているのが社長である以上、相手側も尊重せざるを得ないでしょう。

相手の立場を考えて、戦略を立てるのはビジネスの基本だと思います。

33

起業したい。注意すべきことはありますか?

# 起業は目的ではなく手段。まずは確たるミッションを。

## ◉起業を焦る必要はない

最近、大学で講演する機会もありますが、本当に現在の学生の意識の高さには驚かされます。とくに、何度か講演させてもらったユニークなカリキュラムで知られる大学では、すでに会社を立ち上げている学生起業家も少なくありませんでした。大学時代に野球とアルバイトしかしていなかった私とは段違いです。

ただし、その一方で、気になったことがありました。懇親会などで話をしていると、彼らは起業自体に高い価値を置いているように思われたからです。私は、起業は目的ではなく、あくまでも手段だと思っています。

起業が先にあるのではない。目指すべき自分のミッションを実現する手段の一つとして会社を興すのです。

しかし、彼らは、会社をつくり、事業を大きくしたい。そのためにこういうビジネスモデル使っている、こういう新しい発想を考えていると、いろいろ語りますが、その先に何があるのかを語らない。恐らく彼ら自身にも見えていないのでしょう。そもそも何のために企業を立ち上げたいのか？　の根っこのところがよく見えない。

彼らを見ると、ネットバブル時代の経営者を思い起こさせます。若い経営者が億万長者になりましたが、今やその多くが市場から消えている。なぜなのか。単にネットバブルがはじけたから、というだけの理由ではないでしょう。私は、その原因を、彼らが上場した後のミッションや目指すべきものを持たなかったからではないかと考えています。

学生たちに、今すぐミッションを持ちなさいと諭《さと》す気はありません。ミッションは自ら考え続けた上で構築されるものだからです。人から言われて、自分のミッションを形成できるわけはないのです。

だからこそ、彼らには「焦る必要はないよ」とアドバイスしたい。早く起業することや早く会社を大きくしてお金持ちになることが目標のように見えます。それは単にかっこいいから。私はいろいろな人生経験を積み、その上で自分の強みを理解するまで待ってもいいと思います。ある調査には、起業の成功率は圧倒的に50代が高いと書いてあったと記憶しています。何歳になっても、起業はできるのですから、焦る必要はない。ビジネスプランやキャッシュフロー表の勉強をするより、文学・歴史・芸術などのリベラルアーツをじっくり学んで、人としてまずしっかりとした基盤をつくってからでも遅くはないのです。

結局、経営は最後、人ですから。人を理解せずに経営はできません。大事なことは、自分をいかに大きく成長させられるかです。大木に育てようと思ったら、幹を太くしなければいけない。幹を太くするためには、深く、広く根を張らないといけない。時間がかかるのです。

促成栽培の木をつくることは簡単ですが、それでは大きな木にはなりません。小さな花しか咲かせません。ちょっとした風が吹けば、倒れてしまうし、栄養分がなくなるとすぐに枯れてしまう運命です。

## ◉貯金をして、自由を手に入れる

もう一つ、現実的なアドバイスをしましょう。企業の中で自分を大きく成長させようとしている間は、できるだけ貯金すべきだということです。手元にある程度のお金があるかないかで状況は大きく変わってきます。独立資金として貯めるのもいいし、アメリカの大学でＭＢＡを取得するために、留学費用を貯めるのもいい。いつか夢の実現に向けて、勝負を掛ける時に使うのですから、前向きなお金の使い方です。さらに、貯金はそれをする人の意識をよい意味で変えてくれます。

サラリーマンとして、どうしても許せないことが社内で起こった時、あなたはどうしますか。上司が法律に反する指示を出した時、唯々諾々《いいだくだく》と従いますか。お金がなければ、我慢しなければならないでしょう。家族を養わなければならない状況だったらなおさらです。言いたいことがあっても、口をつぐむしかありません。しかし、お金があると、行動の選択肢が広がる。自分の意見を通して、トップに反旗を翻《ひるがえ》すこともできる。自由を手に入れるか、奴隷になるか。その分岐点となるのはお金だということも、頭の中に入れておいてください。まずは一年間働かなくてもよいだけの貯金を目指しなさい。

ビジネスの世界を
生き抜くポイント

▼能力の中でも、もっとも重要なのは「努力する能力」。勝負所で集中突破できるように、ふだんから小さな成功体験をつみ重ねることが大切。

▼スピーディーに仕事をするには、やるべき仕事量と残された時間を把握し、今何をすべきかを戦略的に考えなさい。

▼難しい仕事は、新たなスキルやノウハウを得られるチャンス。仕事の報酬は仕事と心得るべき。

▼他責ではなく自責の気持ちがあれば、失敗をしても、そこから教訓を得て、多くのことを学べる。

▼問答無用に「やれ」と指示する「トップダウン型リーダー」の欠点は、そのリーダーの器以上に組織が成長しないこと。

▼判断を誤らないためには、事実を幅広く集めること。拙速はよくない。

▼人が人を評価することは不可能。だからこそ多方面から評価を聞くことが大切。

▼起業は目的ではなく自分のミッションを実現させる手段。あせって起業するよりも、自分を大きく成長させてからでも遅くはない。

# 第3章

## ビジネス・コミュニケーションへの悩み・疑問

# 思いを伝える「熱意」と
# 相手への「思いやり」
# があれば、
# 言いたいことは
# 必ず伝わります。

# 心からあふれ出たものは、心に注がれる

――サミュエル・ティーラー・コールリッジ（イギリスの哲学者）

心の中からあふれ出た思いだけが、人の心に届く。口先だけの言葉では、人は動かない。本当の気持ちを伝える努力をしよう。

はじめに●コミュニケーションが欠かせない時代

# 同質から異質の社会への転換。思いやりの言葉で確認し合う職場文化をつくろう。

## ◉「察しの文化」は消えている

日本人は欧米人に比べてコミュニケーション能力が低いと言われます。文化の違いが背景にあるのでしょう。昔「男は黙ってサッポロビール」という宣伝がありましたが、このCMに象徴されるように、日本は察しの文化です。あえて聞かない、話さないのが美徳とされています。同じ日本人だろう。言わなくてもわかるだろう、察しろよというわけです。

こうした文化は外国にはありません。一人ひとりの人間は考えも価値観も違うのが当り前。相手が何を考えているのか、わかるはずがない。だから積極的に言葉を交わして確認しようと努力します。夫婦間でもそうです。欧米の夫婦がよく言い交す「アイラブユー」はその典型でしょう。互いが互いのことをどのように思っているのかがわからないから、愛の言葉を交わし合って、不安を解消しなければならない。それで、四六時中、「愛しているよ」とあえて言葉に出すのでしょう。日本では考えられないことです。

とはいえ、私たち日本人特有のコミュニケーションのあり方も、変化の時代を迎えています。価値観が多様化し、世代間のギャップをはじめとして、同じ日本人同士でも、相手が何を考えているのかがわかりづらい世の中になってきました。

さらにグローバル化に伴い、私たちの職場も、多国籍化してきています。日本人どうしのように言わなくてもわかるだろうでは通じません。これからは突然、上司が中国人に変わるという事態も、決して珍しいことではなくなるはずです。同質から異質へ、日本社会は大きく変化しているのです。

とくにビジネスの世界では、コミュニケーションは不可欠です。方向性やミッション、具体的な戦術などが共有されていなければ、成果をあげることはできません。上司が意図しないことを、部下がよかれと思ってやってしまったら、どうでしょう。大混乱を招く場合もあるかもしれません。そうならないためにもコミュニケーションの充実が欠かせないのです。

34

コミュニケーションがうまくとれません

# 「1対1の面談を数多く」が理想。相手に応じた表現にも配慮を。

## ◉コミュニケーションの基本は質×量

コミュニケーションは質×量で表されます。質とは相手との接触のレベルのこと。もちろん、濃密であればあるほど質が高いのは当然です。ですから、電話やメールよりも、相手と直に顔を合わせるほうがコミュニケーションの質は高い。量というのは回数です。つまり、1対1の面談を数多く行うこと。これが理想的なコミュニケーションのあり方です。

しかし、この方法では、おのずと限界があります。とくに大きな組織で人の数が多ければ、全員と濃密なコミュニケーションをとることはできません。

そうした限界を補う方法として、私が経営者時代に実践していたのは、毎週マネジメントレターを出すことでした。従業員に私の考えを伝えることが目的ですから、内容はもとより、わかりやすさにも配慮しました。お店のマネージャーさんが読んで理解できる表現であるか、難しい言葉を使っていないか、文章は長くないかを常にチェックしていました。中には難解な表現を使うほうが高尚であると勘違いしている人もいます。どんなよいことを言っていても、受け手に伝わらなければコミュニケーションとしては失格です。難しいことも自分なりに咀嚼《そしゃく》して、わかりやすい表現を心がけることが大事なのです。

もう一つ重視すべきは、大切なことを相手に伝える時、受け手に合わせて、口頭で言うべきか、紙で示すべきかを意識するということ。話し言葉のほうが頭に入る人もいれば、書き言葉のほうが理解できる人もいる。受け手はどちらが理解しやすいのかを把握する必要があります。もちろん理想は両方でコミュニケーションすることです。ちなみに、私は完全に書き言葉派です。面談は重要ですし、口頭で話をする機会はぜひ持つべきですが、残念ながらその内容をすべて覚えている自信がない。話した側は「伝えたつもり」になっていても、私のほうで忘れてしまっている可能性もある。ですから口頭で話をしてくれた人には、確認のためにも、私は後で必ず要点をメールで送るようにお願いしていました。

35

言いたいことがなかなか人に伝わりません

# 伝えたいという強い意思があるか？相手に応じた話し方ができているか？

## ◉何かを伝える時もまずは結論から

伝えるべき内容や、思いをしっかり持っていれば、稚拙な話し方でも、相手に伝わります。

まずは自分が伝えたい内容を自分でちゃんと整理・理解できているか。その思いを相手に伝えたいという、強い意思（思い）を持っているか。

思いや内容を持っているならば、先に言いたいことを単刀直入に話してみる。つまり、結論を先に言うことが大事です。結論が先に示されれば、あなたの意見や立ち位置がわかりますので、相手も安心して聞けます。耳を傾けてくれる確率も高まるでしょう。

対照的に、結論が見えない話し方は、相手をいらだたせます。

私も部下からの報告を聞いていても、なかなか結論が見えてこない時には、「で、結論は?」と言いたくなることもよくありました。

私はよく部下の人が「岩田さん、お話しがあるのですが」とやってくると、即座に「いい話? それとも悪い話?」と聞き返します。いい話ならリラックスして聞きます。悪い話なら全身を耳にして聞きます。

最悪なのは、「社長、とりあえずお話したいことがあります。明日お時間をいただけませんか」という謎めいた問い合わせです。

何々の件でお話したいと言ってくれれば、心の準備ができるのに、あまりにも茫漠とした言い方なので「もしかしたら悪い話かもしれない」と人を不安にさせます。

こういう曖昧な話し方をする部下には「いい話か、悪い話か、案件の名前だけでも先に言ってくれ」とお願いをしていました。

人に考えや思いを伝えるためには、相手をイメージして話すことも重要です。伝える相手が、現場のアルバイトなのか。経営幹部なのか。それによって話し方も当然変わります。

当然、アルバイトの人に「キャッシュフロー」という言葉を出しても、イメージするのは難しいでしょう。丁寧に「お金の流れ」と言ってあげなければいけません。

その一方で、ビジネススクールを出たような人には、むしろキャッシュフローと表現したほうが明確にイメージできるはずです。

聞く人のレベルに合わせて、言葉のレベルも変えることで、より人に伝わる話し方となるのです。

# 36

ビジネスで通用するわかりやすい文章を書くためには？

## ビジネス文書と文学表現は別物。わかりやすさを目標に「書き慣れ」よう。

### ◉わかりやすく明確に

ビジネス文書は文学作品ではありません。文学作品の文章とビジネス文書はまったくの別物です。

ビジネス文書は、わかりやすさ、そして明確さこそが命です。主語がどこにあり、この形容詞はどれを修飾するのかと読み手に考えさせてしまうのはもってのほか。一文を短く、シンプルな文章を書いてわかりやすさを追求してください。最初に結論を述べることも重要です。

加えて、曖昧な表現はできるだけ避けましょう。

かつて、ある会社のビジネスプランを見せていただく機会がありました。安い、高い、低い、大きいと、定性的な形容詞のオンパレードなのです。何円高いのか。

何パーセント低いのか、どれくらい大きいのか。読んでいてまったくわからない。最後の目標として「競合他社より納期を短くする」と掲げられていました。私が「じゃ、競合他社の納期はどのレベルなのですか？」と聞いても、誰も答えられない。これでは頑張りようがありません。

定性的な表現は避け、できるだけ定量的に書く。明確な表現を心がけなければ、目標の共有すらできません。

## ◉書くことで、インプットの質が上がる

書くことが苦手、という人も少なくありません。苦手意識が強いから、書こうという意欲も湧いてこない。これでは文章は上達しません。

上達するには慣れと継続が必要。まず一歩足を踏み出すことです。名文を書こうと肩ひじ張るのではなく、まずはわかりやすさ、明確さを目標に書いてみましょう。

自分で文章を書く癖をつけておくと、必ず、人の文章が気になります。ああ、

なるほど、こういう表現を使えばいいのかと意識するようになる。真似してみようかという気にもなる。アウトプットする癖をつけると、インプットの質、感度が上がってくるのです。

ですから、何事もまずは発信する癖をつけることが大事です。

継続は力なりという言葉通り、書き続けると必ず上達します。私自身も、おかげさまで何冊かの本を上梓しましたが、わかりやすいとの声を読者からいただいています。

経営者時代に、毎週、社員の皆さんに向けて出し続けてきたマネジメントレターの成果にほかなりません。あの積み重ねが本の執筆に生きているのだと思います。私にとって書くことは、自分の頭の整理に不可欠です。講演やプレゼンなど、「話し方」が問われる場面でも、伝えたいことは事前に紙に書くこと。書くことで、論理的に考え、話すことができるのです。

最後に、当たり前のことですが、文章は書いたら必ず読み返すこと。早くメールを送らなければと焦って送信した後で、誤字脱字が見つかったり、文法がおかしかったり、相手のお名前に敬称をつけ忘れたりということに気づく場合が結構あります。

キーボードの打ち間違いなど、ついうっかりミスだとしても、受け手から「この人は慎重さに欠ける人だな、うっかりミスが多い人だな」と人間性まで疑われてしまってはもったいない。

私もせっかちなので、あわてて送信して、よく後悔することがあります。私自身もよく苗字の「岩田」を「松田」に間違えられることがあります。

実際、私の名前を間違えられ、相手への信頼性を疑って、取引をしばらく見合わせたことがあります。

信用を失わないためにも、文章を完成させたら、読み直すことを習慣化しましょう。

37

小心で社交下手。上手に人と交わるためには?

# 小心な自分を変えるためには、話の内容より「かたち」から。

## ◉自信を持って大きな声で話そう

小心な人、社交下手な人には、共通する特徴があります。

それは声が小さいということ。声が小さいから、相手は聞き取れない。聞き取れないから、「えっ」と聞き返すと、本人は委縮する。自分の意見が拒否されているように感じて、ますます自信を失い、声が小さくなるのです。

また、コミュニケーションというと、言葉によるコミュニケーションばかりが注目されますが、重要なのはそれだけではありません。

身振り、表情、目線、態度、服装、髪形さらには、声の大きさやトーンなどの非言語のコミュニケーションも重要です。

アメリカの心理学者メラビアンによると、初対面の人物を認識する際に、言語情報を重視する割合はたったの7％。それよりも、見た目や表情、しぐさなどの視覚情報が55％、声の質やトーン、声の大きさなどの聴覚情報が38％という結果が出ています。私たちがコミュニケーションを行う際には、外見や態度、声の大きさなどから得られる情報を組み合わせて、相手の伝えたいことを受け止めているのです。

小心で社交下手な人が、上手に人と交わるためには、まず堂々と、大きな声で話すことから始めることが肝心です。最初のうちは、笑顔で、そして相手に聞こえるように挨拶してみる。相手からもリアクションが返ってくれば、それが自信につながるでしょう。

また、自分は相手に関心があることを態度で示すことも大切です。職場でも、積極的に声を掛ける。長く話すのはたいへんでも、「元気？」「その服、似合ってるね」というぐらいなら、小心な人でもできるでしょう。相手に関心を持ち、よく観察するのです。ちょっとした心がけですが、それで好感度が上がるのです。そうした積み重ねをしていくと、人づき合いも必ずうまくなります。

# 38

大勢の前で話すコツはあるのでしょうか？

# 細心の準備がパニックを防ぐ。気持ちを落ち着かせる状況を自らつくる。

## ◉事前の情報収集に力を注ぐ

大勢の人の前で話すには、事前準備が何よりも大切です。原稿を用意するだけでなく、どういう人が聞きに来るのか。会場の規模はどれくらいか。原稿を読める環境であるのか、事前に情報を仕入れておきます。それを把握しておくだけで、気持ちは動揺しません。

私もこれが不十分なせいで、大失敗をしたことがあります。アトラスの社長時代、新型ゲーム機の発表会でスピーチをした時のことです。

あらかじめ原稿を用意して、言葉につまればそれを読めばよいとタカをくくっていました。

ところが舞台に上がった瞬間、驚きました。

スピーチをする場所では原稿を置く台もなく、カメラのフラッシュが一斉にたかれ、頭の中が真っ白になりました。

その結果、しどろもどろの最悪なスピーチとなりました。いまだに何を言ったのか覚えていないぐらいにひどかった。

それ以来、どのようなシチュエーションで話すことになるのか、細かなところまで情報収集をするようになりました。

最近、ある大学に招かれ、講演をしました。主催者から言われたのは「原稿を見てはいけない」ということ。講演やプレゼンテーションのプロとして招いているのだから、それなりの準備をしてこいと言うわけです。

しかし、私は逆に「大事なのはプレゼンのスキルではなく、コンテンツ。原稿を用意せずに、頭が真っ白になって、伝えるべきことが伝えられなかったら本末転倒ではないか」と自分の主張を通し、原稿を持って出ることを認めていただきました。

かつての失敗が頭の中にあったからです。実際、時間をかけて準備をしていたので、原稿を丸々読むということはしなくて済みました。少し目を通す程度なのですが、やはり原稿を手元に持っていることは精神安定剤になります。しっかり準備することと手元に原稿があるということで平常心を保つことができました。

## ◉経験を重ねることでノウハウが身につく

大勢の前で話す時には、誰だって緊張するもの。できるだけ心を落ち着かせることが大事です。まず会場を見渡す。今日はどんな年齢層の人が多いかなど状況をつかむ。さらに、「今日はすごく緊張しています」と自ら切り出すのも効果的です。

自分の状態をあえて声に出すことで、気持ちは落ち着いてきます。

講演では、熱心に聞いてくれる人に視線を置きます。うなずきながら耳を傾けてくれる人は必ずいるもの。勇気が湧きます。

そして、忘れてはいけないのは、なるべくゆっくり話すこと。人は緊張するとどんどん早口になってしまいます。

私はいまだに原稿の欄外に必ず手書きで「ゆっくり、ゆっくり」と記して、講演中も自分に言い聞かせます。

さらに間合いも大切です。

話している側からすると沈黙が流れるとあわててしまうものですが、聞いている側からするとそんなことはない。話の展開ごとに、ひと呼吸置くことで、次の話題は何かなと想像をめぐらすことができます。

間合いがないと、せかされているようで、気持ちよく聞けないものです。「間抜け」という言葉はここから来たのです。

最近では、あらかじめ考えてきた話題をその場で変えたりすることもできるようになりました。

10の話題を話す場合にも、15の項目を用意しておく。そして会場の雰囲気を見ながら、話題を入れ替える。

こうしたことも、場慣れのおかげです。何度も経験することで度胸もついてくるし、失敗をしながら、自分なりの対処法も掴み取っていくことができるのです。

39

「飲みニケーション」は必要？

# 酒の力を借りて不満をぶちまける、その行為は百害あって一利なし。

## ◉一次会はいいが、二次会以降に意味はない

職場のコミュニケーションや人間関係と、切っても切れない関係にあるのが飲み会。お酒とどのように付き合っていくべきか、ビジネスマンにとって関心が高いテーマです。

ふだんはなかなか距離が縮まらなかった関係が、お酒を飲み本音で語り合うことで、打ち解けるということもよくあること。私自身もそれは経験しています。お酒をうまく使うならば、ビジネスにプラスの作用があることは事実です。

ただ、どこに目的を置くのか、十分に考える必要があります。

仕事を前に進ませるために、懇親の機会として飲み会を開く。ここに目的を置くのなら賛成ですが、それは一次会で十分でしょう。

二次会以降は、お酒を飲むこと自体に目的が変わってしまいます。飲み足りない人たちが、強引に相手を連れまわすということも珍しくないでしょう。

私自身、お酒があまり飲めない体質ということもありますが、二次会以降の飲み会の席はほとんど意義を感じません。

職場では、リーダーに飲み会を誘われたら、なかなか断ることができません。自分が飲めるからと言って、部下がみんな酒好きだとは限らないということはよく理解しておくべきでしょう。

また、いくら本音の付き合いが大切だとはいえ、お酒の力を借りてふだんの不満をぶちまけたり、相手を攻撃する人もいますが、それで人間関係がよくなったという例を私は知りません。

実際、無礼講は存在しません。

日産時代に一年上の先輩が、飲み会の席でからんできたことがあります。ふだんはとてもおとなしい人だけど、大声で説教した挙句に、お前は生意気だ、気に入らないとしつこくからんできました。

翌日、本人は覚えていなかったようですが、説教された側は忘れられません。

この人の本音はそうなんだと、それ以来距離を置くようになりました。

飲み会は、コミュニケーションをよくすることが目的のはずなのに、逆効果でしかありません。

本当に言いたいことがあるのなら、しらふの状態で正々堂々と言えばいい。そうでなければ、単なる酔っぱらいの繰り言。泣き言や不平をぶちまけるだけなら、百害あって一利なしです。

40

部下の思い、考えを知る方法は？

# 先輩たちに遠慮して、若い人が沈黙する。その風土を壊すのがリーダーの役割。

## ◉もっとも意見を言わない人に意見を求める

日本人は会議の場でも、なかなか積極的に発言しない。欧米人は少しは黙ったらどうかと言いたくなるぐらい、積極的に自分の意見を言います。

積極的に発言するかどうか、会社や組織の文化によっても違ってきますが、一般的に日本人は発言をしません。

大会社や官僚的組織では、上の人がしゃべらない限り、しゃべってはいけないという空気がある組織もあります。

長幼の序を尊重しているといえば聞こえはよいですが、そういう見えない壁を壊すためにも、私は「Aさん、このことについてどう思う？」と水を向けてあげるようにしています。

それも、若手社員など、いちばん意見を言わなそうな社員に積極的に意見を求めるのです。

これには、他にもメリットがあります。

自分にも順番がまわってくるのではないかという意識が働いて、真剣に議論を聞くようになるからです。習慣化することで、皆が会議に集中して考えてくれるのです。

また若手などの人材発掘のよい場にもなります。

もしかしたら、いきなり当てると、緊張して話せない社員もいるかもしれません。その際には事前に紙に書かせることもよいアイデアです。事前に発言を求めるから準備しておいてと伝え、紙を見て発言させてもいいし、意見をメールなどであらかじめ集めてもいいと思います。

同様に、日本の組織では、なかなか反対意見を言いにくい雰囲気もあります。

しかし、反対意見は必要です。

ゼネラル・モーターズ（GM）を世界一の自動車会社に押し上げたアルフレッド・スローンは、「全員賛成のため、本件は討議が不十分なため次回に再検討」

と言ったそうです。反対意見が出ることによって、弱点や改善点が見つかる。さらにいいアイデアに固めることができる。全員賛成では、その案件が叩かれずに実行にされてしまう。それをスローンは恐れたのだと思います。アイデアを叩かれる機会がないまま、前進すると危険だという考えです。

そのため、私は経営者として個人的には賛成であっても、あえて反対の意見を言うことがありました。

すでにプロジェクトが進んでいるのに、「このプロジェクト、本当にやる意味があるの？」とちゃぶ台をひっくり返すような質問もあえてする。

すると、私の発言を呼び水に、それまで黙っていた人たちからも意見が出てくる。そこから議論が白熱し、新たな懸念点や考え方が出る場合もある。

こうした工夫も部下の思い、考えを知り、加えて社内を活性化する方法の一つだと思います。

## よいコミュニケーションを図るポイント

▼日本人は質問や発言しないことが美徳とされてきたが、本当の意思や問題点が共有できなければ、仕事の成果は上がらない。

▼コミュニケーションの基本は質×量。マンツーマンの面談を数多く行うことが理想。

▼伝えるべき内容や強い思いがしっかりあれば、拙い話し方でも、相手に伝わる。

▼ビジネス文書はわかりやすさが重要。曖昧な表現は避け、明確さを心がける。

▼身振り、表情、態度、声の大きさなど、非言語のコミュニケーションも重要。おとなしい人は、堂々と、大きな声で挨拶することから始めてみる。

▼大勢の前で話す際には事前準備が大切。想定外のことが起き、頭が真っ白にならないよう念には念を。

▼親しくなることが目的の飲み会なら賛成。しかし酒を飲む目的や騒ぐだけの二次会、三次会には意味がない。

▼若い社員にも発言できる雰囲気を作るのがリーダーの役割。積極的に若い社員に意見を求めるべし。

# 第４章

## 自分の生き方への悩み・疑問

# 人生で大事なのは能力ではない。自分の存在理由・ミッションを持つことです。

所詮、人生は心一つの置きどころ。人間の心で行う思い方、考え方が、人生の一切を良くもし、悪くもする……何事においても、そのときの心の状態が、成功を生み、また失敗に追いやる

——中村天風

どんな境遇であれ、幸せと思った人が幸せである。困難や壁にぶつかっても、心の置きどころで、それが人間の成長のよい機会になる。不幸なことにさえ、感謝の気持ちが出てくるようになる。

人生で大事なのは能力ではない。
自分の存在理由・ミッションを持つことです。

はじめに●どんな生き方を志すか

# 自分の可能性を信じて生き抜く。頑張るために強い動機を持ち続けたい。

私は『かもめのジョナサン』（新潮社）の作者リチャード・バックの「たいへんだったが、素晴らしかったと言える人生を過ごしたい」、あるいは高杉晋作の「おもしろくもなき世をおもしろく」といった言葉が大好きで、そういう生き方をしたいと考えています。

私は心の底から「生きていることは本当に素晴らしいことだ」と思っています。死んだら、単なる肉の塊なってしまうだけ。生きている以上、無限の可能性があります。生きている限りあらゆる可能性を信じて前に進んでいきたい。その可能性を自ら閉ざしてしまうような生き方をしたら、それほど寂しい生き方はないと思います。

実際にもっと頑張れば何とかなるのに、失敗しなかったのに、という人は世の中にたくさんいます。しかしそういう人は苦しい場面で、「自分を信じられない」ことが多いのです。自分の可能性を信じていない。

またそういう人は、他者に寄りかかった生き方をしているケースが多い。そうして、うまく行かないと、原因のすべてを他者のせいにします。「自分はついていなかった」「世の中が悪い」「親のせいだ、家庭がよくない」……つまりは、他責です。

決して頭も悪くないし、能力が劣っているわけではない。その気になって頑張れば壁は突破できたに違いないと思うのに、大事なところでの踏ん張りがない。自分の運のなさや人のせいにしてしまう。とても残念な人がいる。

人生は最後の最後まで真剣勝負、頑張りどころの連続だと思います。とりわけ若い時代にどれだけ頑張れるか、です。生まれつきの能力の差などというものは、実際のビジネスの上ではほとんど関係ありません。ここぞ、という場面でとことん頑張れるかどうかで、勝負は決まります。

たとえば学生時代、試験前の1週間ぐらいは、毎晩徹夜で勉強できるかどうかです。私はふだん、部活などで勉強できなかった分、ほとんど寝ずに頑張った。

私は眠らないように、椅子の上に立って勉強をしていました。それくらいのことをやるかやらないか。「ここを切所として」という言い方がありますが、この「切所」（勝負や運命の分かれ目）に直面することは、人生、何度かあるはずです。

その時に、自分を信じて「ここぞ」と頑張らなくては、成功の芽は出てきません。人生勝負の分かれ目を乗り越えられません。ただし、頑張る前提となるものがあったほうがいいでしょう。私は何か（ミッション）を達成したい強いパッションを持っていることが大切だと思います。人によって名誉であったり、お金であったり、出世であったりすると思います。それは年齢とともに、あるいは置かれた状況とともに、変化あるいは進化するものです。

ミッションは最初は小さなものでよいでしょう。友だちに勝ちたい、お金がほしい、出世がしたい、というレベルから、しかし小さいままでは自分も成長しませんから次第に自分のミッションも成長させていく。必ずそれは「自分のため」というよりは、周りの人のため、組織のため、世のため、そのために頑張ろうということになっていく。それを全うして、ようやく「素晴らしい、わが人生」と呼べるものになると信じています。

41

学歴コンプレックスを克服したいのですが？

# 年齢とともに評価軸は増えていく。学歴は人を評価する情報の一つに過ぎない。

## ◉克服なんて大げさかも

一般的に「実社会では学歴なんて関係ないよ」と言いますし、私自身もそう考えています。

社会的な風潮としても、たとえば企業の採用試験で学歴重視には批判があって、ある有名企業が履歴書に学歴を書かせることをやめたことがありました。書類選考には少なくとも学歴は関係ないという姿勢を示したのでしょう。

その結果については聞きませんが、私は履歴書から学歴の記入欄をなくしたこと自体、その企業における学歴コンプレックスの空気を表したものではないかなと感じます。

学歴無用論がある一方で、私たちは仕事ぶりでちょっと気になる人がいれば

「彼、どこの大学出ているの？」と聞いたりするものです。

とくに20代くらいの若い時代に、その人を知る一つの有益な情報になるのは間違いないと思います。

実際、霞が関の官庁街や日本を代表する大企業では、東大以外は大学ではないような雰囲気があります。出身大学によって採用されたり、採用されなかったりするような現実もあります。

しかし、学歴への強い関心は20代特有のものです。30代、40代にもなって、「どこの大学出ていますか？」というような会話は、まず出てこないからです。

年齢とともに、自然に学歴への関心は薄くなっていきます。

学歴よりどんな仕事をして、どんな実績を挙げてきたかが大切になってきます。

若いころの人間の評価というのは、実に狭い。とくに最近の日本では、小学校から学校の成績＝その人の価値が評価軸になってしまっています。

私が行っていた高校の一部の先生には、勉強さえできればよいという雰囲気がありました。そのため野球部を辞めることを勧められたり、運動会や修学旅行を取りやめするよう職員会議で図った先生もいたそうです。

学校の成績だけの評価軸の中で卒業し、社会に出ますが、社会人への評価軸は少しずつ増えていきます。

人間性、リーダーシップ、やさしさ、行動力など、人間を評価する軸がたくさん出てきます。

そうした総合的な力の差が、社会では優劣を決めていきますから、学歴という評価軸は相対的に小さくなるのが自然です。

ですから、劣等感を持つほど大げさなものではないと思います。実際に仕事の上で、学歴はまったく関係ありません。私は一人の人間を知る、単なる一つの情報としてとらえています。

学歴コンプレックスは、外人コンプレックスと同じような面があります。欧米人に接しないと、背が高くて目の青い彼らはすごいんじゃないかと恐れてしまいます。

私は、アメリカのビジネススクールに行ったおかげで、外国人など外観が違っても、ハーバード大学を出ようがエール大学を出ようが、いい人もいやな人も、出来の悪い人もいれば賢い人もいることがわかりました。

確かに傾向的に一流大学出身者は頭がいいかもしれませんが、評価軸を広げてみることです。抜け目ないだけの男、エリート意識が強い利己的な人など、つまらない人も多くいます。

あくまで学歴は、一人の人間に関係する情報の一つとしてとらえていたほうがいいと思います。

42

「常識がない」と言われてしまうのですが？

# 指摘されるのはありがたいこと。マナーや敬語の基本は身につけたい。

## ◉愛情がないと注意はできない

かつて先輩は後輩に、上司は部下に、社会常識や通念上で間違ったことをすれば、「お前、間違っているぞ」と注意したものです。とてもありがたいことでした。ところが、最近はあまりそうした注意や叱責をしない風潮になっているようです。

裏では「あいつは常識がないね」などと批判するくせに、目の前では黙っている。指摘してあげたほうがいいに決まっていますが、そうすると妙に逆恨みされてしまうかもしれないと、上司や先輩のほうが警戒してしまっているのでしょう。

最近は、それだけお互いの関係性が疎遠になってきていることだと思います。

家庭でも、親が教えないことが多い。とくに、小さい時から勉強がよくできた子人生で大事なのは能力ではない。
自分の存在理由・ミッションを持つことです。

どもほど、社会的な訓練は不足したまま、世の中に出てきます。

日本は勉強偏重ですから、学校の成績がよければ、他のことはとがめない。ちやほやされて成長してしまったので、超一流の大学を出て、頭は非常にいいのに、人に対する基本的なマナーや敬語がめちゃめちゃな人もいます。

敬語も知らない、社会常識もない、ということで、エリートコースを走ってきた人に取引先からクレームが絶えない、などということも実際起こっています。

注意してくれる人が少ないので、若者も注意され慣れていないということでもあります。だから先輩、上司に常識や言葉遣いなどをチェックされるのは、実にありがたいことだという意識を持ってほしい。人に注意するには愛情が必要です。そういう人は自分を育ててくれているのだと感謝すべきです。そうしたいろいろと指導してくれる人をメンターとして師事することです。

そして、素直に注意を聞く姿勢を持つこと。もし、先輩の指摘が見当外れだとしても、ひとまず傾聴する。そういう姿勢を持っていれば、先輩や上司も言いやすくなります。また、自分でもマナーや敬語のハウツー本を読んで、最低限の基本的な知識を理解しておくべきでしょう。

43

ビジネスや人生で「運」はあると思いますか?

# 好運は棚ぼたではない。ポジティブな生き方の人に降ってくる。

## ◉運のいい人、悪い人

私は「運」を、誰でも平等に持っているととらえています。したがって、その運に気がつくか、運をモノにするのか本人次第だと思っています。

平等に持っている運ですが、実際それを活かせる人と、活かせない人がいる。それならば、どんな人が可能性を活かすチャンスを獲得でき、どんな人がそうではないか。

芥川龍之介は、「運命は偶然よりも必然である。『運命は性格の中にある』という言葉は決して等閑に生まれたものではない」(『侏儒の言葉』)と言っています。

運命は性格の中にあるのだというのです。性格によって、運命が変わってくると言い換えてもいいでしょう。

運は受け手の側がそれをつかめるかどうかが、非常に大きな決め手になります。ポジティブな人、ネガティブな人と、その性格を大まかに分類して、どちらが運をつかむことのできる性格なのか。すなわち、自分は「運が強い」と考えるか、「運が弱い」と考えるか。

ポジティブな人は、「運」に関して、当然、前者です。自分のことを「運の強い人」と考えています。

こういう人は人生に対して前向きですから、日ごろからアンテナを高く張っていて、面白い話、いい話が来たら、パッとつかんでやろうと身構えています。いわば、情報感度の高い日常を送っています。

よく、幸運の女神には後ろ髪がない、と言います。すれ違った瞬間に、「あ、女神だ」と思って振り返ったとしても、後ろ髪がありませんからもはや取りつくしまもない。すたすたと女神は去っていきます。この時、アンテナを張り巡らし、情報感度を高くして、待ち受けている前向きな人は、すばやく反応して女神に抱きつくでしょう。

ところが、自分は「運が弱い」と思っている人は、いつも自分のやることや物事に懐疑的であり、顔を上に向けて生きるというよりも、うつむきがちに過ごしている。うつむき加減でいては、感度のよいアンテナも張れません。

いい話が来ても、マイナス面ばかり見てしまったり、チャンスを逆にピンチだと思ってしまったりして、せっかくのチャンスであっても迅速に対応できない。

これが運を活かす人と、活かせない人との分岐点であると私は考えています。ですから、「自分は運がいい」と思っていたほうが、結果的にチャンスを生かす確率は高いと思います。

一方、うまくいったらそれは運がいいと考え、決して傲慢にならず、うまくいかなくても、運が悪いのではなく、それは自分の努力が足りなかったのだと謙虚に考えることがとても大切です。

## ◉「縁」も同じです

ポジティブな人・ネガティブな人の差は、人と人の縁についても同じです。私たちはいろいろな人と出会いますが、会ってエネルギーを貰える人、逆にエネルギーを取られてしまう人がいます。

人生で大事なのは能力ではない。
自分の存在理由・ミッションを持つことです。

エネルギーを貫える人というのは、まずポジティブに物事を考え、生きている人です。ネガティブな人はたいてい他人の悪口や愚痴を言う人で、話していて非常に疲れます。

面白いことに、ポジティブ・エネルギーを持つ人はポジティブ・エネルギーを持つ人で集まり、ネガティブなエネルギーを発散する人はまた、同じような集団をつくります。

可能な限り、ネガティブ集団は敬して遠ざけ、ポジティブな人の集団の仲間入りをすべきです。それが結果として好運をつかむ近道にもなるでしょう。

縁も、運と同様で、天から何かが下りてくるのを待つのでなく、ポジティブに切り開いていく積極さがあってこそ、よい縁に恵まれるのだと思います。

# 44

なかなか「感謝する」ことができないのですが?

## 感謝の気持ちは素直さや謙虚さの表れ。幸せをつかむことができる。

### ◉社会の潤滑油になる

相手に対しても、自分の環境に対しても「感謝する」「感謝できる」ことは、とても大切です。

私は日常的に、たとえば来客のあった時にお茶を入れてくれた女性や、バスに乗って降りる際に運転手さんに、必ず「ありがとう」と言うようにしています。日常生活の習慣です。もちろん形だけでなく、気持ちの上で「ありがたい」と思ってのことです。

声に出して「ありがとう」と言わなくても、黙礼するだけでもいいのです。そういう感謝ができる人かどうかが大事です。挨拶は感謝の表れです。

この程度のことはしてもらって当たり前だとか、給料は働いた結果だから当然だとか、思っていたら、感謝の気持ちは湧いてきません。素直に「ありがたい」と思う気持ちや、謙虚さがないと、感謝の気持ちは起こらないでしょう。ですから、素直に感謝できない、ありがとうという言葉が出せないというのは、自分はその程度のサービスを受けて当然である、という思い上がり、傲慢さがあると思います。思い上がった人や傲慢な人は立場の弱い人に見向きもしません。

実際に「ありがとう」と言えば、感謝したほうもされたほうも、気持ちのいいものです。自然に、お互いに笑顔になります。社会の潤滑油のようなものです。

感謝の言葉を互いに交換している間柄にはとげとげしいものは一切なく、穏やかな、互いに敬い合う素晴らしい世界が成り立っているものです。「ありがとう」は、とてもエネルギーのもらえる言葉です。「ありがとう」に相手が笑顔で答えてくれれば、自分のエネルギーも高まってきます。

陽明学者の安岡正篤先生は「心中、常に喜神を含むこと」が大切と言われています。いつも置かれている環境や周りの人に感謝し「喜ぶ」ということだと思います。その感謝の気持ちを常に持てることが「幸せ」になれる近道です。感謝できる人は幸せになれる人です。

# 45

時間の使い方で心がけていることはなんですか？

## 平等で、取り返せない貴重な資源。戦略的に時間配分を考えて使いたい。

### ◉小さなムダをなくす

私は、時間は取り返しのつかないもっとも貴重な「資源」だと思っています。お金ならば失ってもまた稼げばよいですが、過ぎた時間ばかりは、永遠に取り戻すことができない。本当に一瞬一瞬が貴重であり、大切な再生不可能な資源だということです。

もう一つは、時間は「平等」だということです。1日24時間、1年365日、これはお金持ちにもそうでない人にも、賢い人にもそうでない人にも、等しく与えられています。

平等に与えられた資源であるからこそ、これをどのように生かすか、それによって人生は大きく変わってきます。

大切な時間の価値を、多くの人はあまり意識せずに生きています。ムダなことをして、うかうかと過ごしてしまう人が多い。何もせず過ごしたちょっとした時間も積み重なると膨大な時間になり、それを活用するかどうかで人生において大きな差になっていきます。

時間は、ちょっとした工夫でムダをなくすことができます。

たとえばエレベーターに乗った時、まず行き先階ボタンを押すか、ドア閉めボタンを押すか、あなたはどちらですか。時間のムダをなくすという観点から言えば、ドア閉めボタンをはじめに押し、それから行き先ボタンを押します。

これによって、わずかではありますが、ドアを閉めてから行き先ボタンを押す場合とでは、ほんの少し差が出ます。日常生活でこんな小さなことを習慣化すれば、長い人生において大きな差が生まれます。

また待ち合わせ時間などでは、待たされてもいいように、必ず本を持って行ったり、スマートフォンの溜まったメールの整理をするなどといった小さな仕事を入れ込みます。

一方で、考え事をするにはまとまった時間が必要なので、日ごろ中途半端な時間を上手に活かして、雑事を片付ける。その一方考え事のできるまとまった3時間以上の長い時間を取れる工夫をすることが大切です。

## ◉戦略的な思考で

時間に対する考えで重要なのは、人によって頭が活発に働く時間帯、そうでない時間帯があるということです。

私は、完全に朝型人間ですから、夜の活用よりも、朝から午前中の活用を重視します。

この、頭が冴えている時間を大切にして、決していい加減には扱いません。この時間帯は、できるだけ人に会わないようにして、報告書のまとめや考えごとなど創造的な作業に充てるようにします。

効率が落ちる昼からは人に会います。面会というのは、相手がありその人からの刺激がありますから、自然と話は進みます。お店廻りや外出もよいと思います。できるだけ自分のリズムに合わせた仕事の配分を考えることが必要です。

その他、時間帯を効率的に活かすことで、たとえば、前の晩、遅くまで起きて、眠い目をこすって2時間ばかり、余分に仕事をしたとします。

しかしそのために次の日、ずっと眠いようだったら、どうでしょうか。

眠気に襲われ続ける次の日の12時間以上を非効率で無駄にしてしまう。

どうしても翌日までに仕上げないといけない仕事なら2時間の夜なべは止めて、さっさと寝て、頭の冴えてる朝、2時間早く起きて仕事をしたほうがいいでしょう。

時間は、トータルな絶対的な長さ（量）も大切ですが、クオリティ（質）も大事です。頭の冴えた2時間とぼーっとした2時間では、価値的にまったく違います。

どうしても今日中にやり終えなくてはならないという場合は別ですが、そうでなければ、翌朝に作業を回して、さっさとベッドに入ったほうがいい。そちらのほうが断然お得です。

時間の使い方にも、損得があるということです。

私は経験的に夜中0時までに寝るのかどうかで、絶対的な睡眠の長さより、次の日への影響が大きく変化します。

長い目で見ると規則正しい生活をしたほうが、ずっと効率的に多くのことを成し遂げることができます。「規則正しいものは遠くまで行く！」です。

やはり、時間の使い方の下手な人というのは、モノの考え方が戦略的ではないことが多い。

プロジェクトなど量がこれだけあって、残された時間はこれだけある。それならば、１日あたりにやるべき量はこれだけ、と決めて着実に済ませていく。

これがふつうなのですが、ところがたいていは、目先のやりたいことに惑わされて、どんどん先送りしてしまう。本当は優先順位をつけて、重要なことから手をつけて行くことがとても大切です。

せっかく平等に与えられた、しかし取り返しのつかない貴重な「資源」なのですから、戦略的によく考えて使いたいものです。

人生で大事なのは能力ではない。
自分の存在理由・ミッションを持つことです。

46

人生における「油断と失敗」をどうとらえていますか？

# 中長期には楽観的に考え、短期では悲観的にものを考える。

## ◉負けたアンカーのトラウマ

誰にも心のすき＝油断があります。油断すれば、思いがけないところで痛い目に合います。だから油断しないためには、油断して痛い目に合ったことを心に刻みつけておくことが大切です。

私にも苦い体験があります。

小学生の時に運動会で町内対抗リレーがあって、私はそのアンカーを任されました。うちの町はそれまでリレーで優勝したことはなかったのですが、前の走者たちが頑張り、私は3分の1周程の距離を離してトップでバトンを受け取りました。今年は初優勝だと、町の応援団は大盛り上がりです。

で、アンカーの私も一所懸命に走ったつもりだったのですが、何と2位にゴール寸前で抜かされてしまったのです。

あの時は、ふだん、どんなことがあっても私を可愛がってくれていた祖母にも「情けない」と怒られました。町内の人も落胆しましたが、私も大ショック。長い間、トラウマとして残りました。

それにしても、なぜ私は負けたのか。

アンカーに選ばれたくらいですから、足は遅くはなかったし、ふつうに走ればまず抜かれることはなかったはずです。抜かれたのは、おそらく大きくリードしているという油断のせいだったのでしょう。

リードしていても、油断があったら負ける。いつ抜かれるかわからない、と危機感を持って走らなくてはならない……と、遠い日の、あの痛い思い出は、私の人生で大きな教訓となっています。

## ●大量の点差でも送りバントを

仕事でも同じです。仕事ができる人というのは、いつ何が起こるかわからないと、時間的には前倒しで、しかも大事なことを必ず先にやります。仕事ができない人に限って、「何とかなるだろう」とぎりぎりまで仕事に着手しなかったり、大事なことを後回しにします。

実際に、この世の中、何があるかわかりません。いきなり風邪で発熱して、仕事どころではなくなるかもしれない。上司に突然呼ばれて、明日までの急ぎの別の仕事を頼まれるかもしれない。目の前の仕事が「どうにかなるだろう」などというのは、油断であり、真剣味が足りません。過去に痛い目に遭っていないか、あっても学習していないのです。

プロ野球で常勝と言われた監督ほど、慎重だったことを思い出します。川上哲治や広岡達朗といった大監督は、大量の点差があっても送りバントさせました。まさかこの点差をひっくり返されることはないだろうと、誰もが考える時に、平気で送りバントさせたのです。

つまり彼らは、勝利が確定するゲームセットまでは「何があるかわからない」と念には念を入れ、同時に浮ついた気持ちになるのを抑えさせたのです。

それは過去に何度も手痛い経験があったからです。そのようにして、いつも最悪の状態を想定し、油断や気の緩みを持たせないことが、リーダーのきわめて重要な役割だと思います。

## ◉中長期と短期で異なる

高校、大学と私は野球部でプレーをしましたが、高校の野球部監督の態度は非常に勉強になりました。

監督さんは甲子園の選抜高校野球大会で優勝したほどの名監督ですが、試合に負けた時にはほとんど注意を言いませんでした。

いいプレーだけ褒めて「お疲れさん」と言うだけでした。その代り、勝った時には、細かくプレーのミスを言われ、厳しく叱られたものです。

負けた時には、なぜ負けたのか、どこがまずかったのか、部員がいちばん知っています。そういう時には放っておく。

しかし、勝った時には、結果オーライでミスを流してしまいがちになります。傲慢になっている。まずいプレーもたくさんあるのに、たまたま勝ったことで浮かれて忘れてしまう。傲慢さを戒めるために、徹底的に叱ったのだと思います。

企業でも同じです。

人生で大事なのは能力ではない。
自分の存在理由・ミッションを持つことです。

私は社長業をしていた時、高所恐怖症という表現をよくしていましたが、業績のいい時には「いつ落ちるか」が常に心配になります。

好業績になると誰もが浮かれがちになりますが、そういう時には一歩先を見て、何か危険な兆候が出ていないか、どこか抜けがないか、不安で不安で仕方がなかったものです。みんなが喜んでいる時に憂《うれ》える。みんな落ち込んでいる時に元気づける。一歩先を見るのがリーダーです。

だからリーダーは中長期的には楽観的、ポジティブでいい。「必ずよくなる」「何とかなる」という気持ちで臨みます。そう考えないと長い間、頑張れない。

しかし短期的には、「どこかに悪い徴候があるのでは」と悲観的に、ネガティブに状況を見る。決して抜けの無いように、油断せず、細心の配慮を怠ってはならないと思います。

47

自分の弱みを克服するにはどうすればいいですか？

# ムリに弱みを克服しようとせず、強みを伸ばしたほうがいい。

## ◉弱みをカバーする工夫

弱みや苦手が何かということにもよりますが、やはり弱みはできるだけ持たないほうがいいに決まっています。とくに若いころは、苦手をつくらないほうがいいでしょう。

私も学生時代には、どちらかというとオールラウンドに全科目がそこそこいい点数で、得意も苦手もない、特徴のないのが特徴みたいな人間でした（音楽は音痴でしたが、筆記試験で挽回しました）。入試なども総合点で評価されます。大きな苦手をつくらず、みなそこそこのほうが総合評価が高くなります。

ただし、社会に出てからは弱みをなくすというよりも、むしろ強みをさらに強くしていくほうがよいでしょう。

つまり、若い時分は弱みをつくらないようにする。それでも弱みはできてしまいます。日本は完ぺき主義のところがありますから、弱みは治せ、克服しろと言われがちですが、それには疑問です。

ある年代からは克服しようというふうには考えずに、むしろそれは見切って、強みを伸ばすことを考えたらよいと思います。

たとえば私は、留学経験があるので英語はふつうの人よりは話せると思います。しかし、年を取ってからの勉強でしたから、忘れてしまうのも早い。アメリカにいる時にはもちろんしゃべりましたが、帰国して日常業務で英語の必要のない生活をしていると、どんどん忘れていきます。

もし留学中の英会話能力を維持しようとしたら、毎日、最低2時間ぐらいは英語に接しなくてはなりません。でも、実際、忙しい毎日では、その2時間のエネルギーをかけることは難しい。その時々に自分の課題にしているテーマ（リーダーシップ、経営など）にできるだけ時間を振り向けて集中したい。だから、この状態はそのまま、甘受しようと考えざるを得ません。幸いなことに組織は人間の弱みをカバーするようにできています。ザ・ボディショップでもスターバックスでも、日常の英会話には困りませんでしたが、重要な契約関係の場合にはとくに正確さが要求されますから、社内にいる通訳を頼みました。

見栄を張って通訳なしでやろうとすると、英語で何と表現しようかと、そればかりが気になる。英語表現がわからないと、別のことを言うしかないわけで、それでは本末転倒になってしまいます。通訳に頼んだほうが正確だし、効率がいい。ただし、全部を通訳に頼むと、会話に時間がかかります。そこで、聴くほうは大体理解できるので、相手の話には通訳をたてない。相手の英語を聞いて、それに対して私が日本語で答える。それを通訳してもらうという方法をとりました。

自分が何に弱いのかは、意識のうちにとどめておく必要はあるかもしれません。ただ今すぐに、その弱みを克服しなくては業務に差し障りがあるという以外は、弱みよりも強みに関心を向けていったほうがいいと思います。強みをさらに強くするのは得意なことだから楽しい。どんどん進んでいきます。

我慢して弱みを克服することはないでしょう。強みを伸ばそうとしたほうが、結果的に誰にも真似できない専門家になり、他者と差別化できる技能を身につけることができると思います。

人生で大事なのは能力ではない。
自分の存在理由・ミッションを持つことです。

48

生きる上での信条は何ですか?

# 全力を尽くして、楽しく生きたい。自分の強い星、大きな力を信じながら…。

## ◉思い通りに生きていく

私は『かもめのジョナサン』の作者リチャード・バックの「たいへんだったが、しかし素晴らしかったと言える人生を送りたい」という言葉、それから幕末の長州藩で奇兵隊を組織して大暴れした高杉晋作の辞世の句「おもしろくもなき世をおもしろく」。この二つの言葉が好きです。

私にとっての座右の銘です。

リチャード・バックの言う「たいへん」という言葉には、よいことも悪いこともあって波乱万丈だったけれど、自分としてその時々で精一杯生きたというニュアンスを感じます。

禅の言葉の「全機」という言葉を思い出せてくれます。

「全機」とは、自分の能力・可能性を最大限発揮できているという状態です。さらに晋作の言葉には、そもそも面白い世の中などはなく、自分で面白くしていくんだという気概を感じます。

振り返ってみれば、私自身わりと波乱万丈な人生を送ってきたと思いますが、今のところ自分の人生を楽しめているような気がします。

何の科学的根拠もないですが、自分はついていると私は思っています。今までもうだめだと思っても、何とかなってきたし、今後も何とかやっていけるのではと自分の運命・星を信じています。

半生を振り返ると、いろいろ困難な場面や壁が現れて、そのつど「もうダメだ」ということが何回かありました。なぜかそのつど、どこからともなく救いの手が差し出されてきました。

それを思うと、自分は恵まれている、強い星のもとに生まれている、ということを感じるのです。

運の項でも述べましたが、運はみんなに平等です。しかし、自分は強い星に生まれている、ラッキーだ、恵まれていると信じたほうが強く生きられます。何とかなると思い込んで生きたほうが、絶対に得です。

松下幸之助さんは入社試験の面接で、こう尋ねたそうです。

「君は、運がいいかね?」

それで「はい、私は運がよいほうです」と答えた人を採用したそうです。

これはおそらく二通りの意味があると思います。

一つは、実際に運が強い人で、自分の運を信じている。そういう人はこれからもよい仕事をきちんとするだろうという考え方です。

もう一つは実際の運が強い弱いはさておき、仕事がうまくいった時に、謙虚に考えられるかです。「自分の能力のおかげだ」と言うのは、傲慢さがある。そうではなく「運がいいのだ」と謙虚に考える。

松下翁はそう考えている人間を採ったのではないか。

むろん本人は非常に努力もした。しかし出した成果を自分の手柄とせず、運のせいにする。それは非常に謙虚な人間でなくてはできないと思います。

ジム・コリンズは名著『ビジョナリー・カンパニー(2)』(日経BP社)で、人格的にも優れた有能な経営者(第五水準のリーダー)は、成功の要因を「要するに幸運だったのだ」と答えると記しています。それと同じです。

つまり、どれほどの成果を上げたにしても、それは自分の力だけではできない。大きな力"something great"といいますか、天や神のような大きな見えない力の助けを受けたのだと、そういう考え方が松下幸之助翁をはじめとした、優れた経営者に多く見受けられます。

そのように考えて生きるほうが結局、面白い人生を送れるのだと思います。

49

後悔しない生き方をするには？

# 終わりの日を意識してミッションの達成のために生きる。

## ◉終わりの時を意識する

私はどちらかというと若い時から会議などで、はっきり自分の意見を言うほうでした。遠慮しないで、ずけずけとモノ申してしまうほうでした。「岩田さん、あまり言わないほうがいいよ」と心配してアドバイスをしてくれる人もいるほどです。でも、最近は少し大人（？）になって、自分自身に自問します。「これを言わないと、棺桶に入る時、後悔するかどうか」と。「言わないで過ごしたら、きっと後悔するだろう」と答えが出たら、相手が社長だろうと誰であろうと言います。「まあ、いいか。言うこともないか」と思ったら我慢する。そのようにしています。

これは単に言葉だけでなくて、行動でも同じです。「これはちょっと冒険だけど、やってみるか」、「これはチャンスだと思うが、やるか見送るか」。そうした選択に、最近は終わりの日を意識に入れて判断します。今はチャンスだと考えても、いずれすぐまた来そうなことなら、見逃してもいいと考えたりします。

このように、人生の終わりの時を意識すれば、日々の言動も、後悔しない人生が送れるような気がします。

人生を後悔しないためには、自分のミッションを日々意識して生きていくことが大切です。ミッションは「自分の好きなこと」「自分の得意なこと」「世のため人のためになること」の3つの輪の重なる中にあります。

ミッションは年齢や状況の変化で進化も成長もしていきます。その自分のミッション達成に深く関係することはチャレンジしていく。まず明確なミッションがあって、それに対して熱いパッション（情熱）が持て、明確なビジョン（将来展望）が描ける、そういう生き方をしていけば悔いはないと考えます。

あと重要なのは行動です。行動して失敗するなら教訓を得られますが、何もしない生き方では、失敗も成功もありません。後悔のしようもないのです。終わりの日を意識して行動することからすべてが生まれてくると思います。

50

ケインズの言う「to be good のほうが重要だ」の意味は？

# 心の欲するところに従いて矩を超えず

## ◉善行をするか善であるか

20世紀を代表するイギリスの経済学者ジョン・メイナード・ケインズの著書『わが若き日の信念』の中に、"It is much more important how to be good rather than how to do good."（いかに善を成すかというよりも、いかに自ら善く在るかということの方がより大事である）という文章があり、to do good と、to be good の違い、なかんずく、to be good の意味が腑に落ちなくて、長らく考えていました。

"How to do good" は文字通り「いかに善いことをするか」ですが、ケインズがより重要であると言っている to be good の意味がよくわかりませんでした。to do good で十分ではないか、to be good とは何か？ と。

ある時に、to be good とは、論語にいう「七十にして心の欲するところに従いて矩《のり》を超えず」と同じではないだろうかと思いつきました。要するに、自分が意識せず自然に振る舞っているのに、それがいつもgoodの状態になっていることではないか、と。

to do goodは、意識的に「善いことをする」ことです。ルールを守る、電車で席を譲る、寄付をする、などどれをとっても善いことには違いありません。しかし、よくよく見ると、人からよく思われたい、文句を言われたくない、といった心がないわけではない。つまりは欲や計算が、その善行の裏に潜んでいる場合がある。私たちは、善いことをする、という点に重きを置くよりも、自らの心そのものが善である状態、を心がけるべきだ。ケインズはそういっているような気がします。

つまり、論語の中の「心の欲するところに従いて矩を超えず」という状態をいうのではないかと思います。孔子でさえ70歳になってはじめてそのような境地になったのですから、私のような凡人には、まだまだ精神的な修行を続けないといけないと感じます。

人生で大事なのは能力ではない。
自分の存在理由・ミッションを持つことです。

51

多忙に負けない生活の知恵とは？

# 本来の自分に立ち返る時間を毎日の生活に必ず組み込む。

## ◉人間は生きもの

人間は機械ではなく生きものです。何億年もかけて進化をしてきましたが、でもやはり生き物の一種です。

眠かったら寝るし、おなかがすけば食べます。

本来休むべき夜中に仕事したり、遊んだりして昼夜逆転して生活リズムが狂ってしまうと本来持っているいろいろな機能が低下してしまいます。

いったん狂った生活リズムを取り戻すことはたいへん難しくなります。小学生に言うような当たり前のことですが、規則正しい生活習慣は大人になっても、とても大切です。

また人間だけが感じるストレスについても、その解消法はとても大切です。

私のストレス解消法は、朝晩の12歳のチョコラブ（茶色のラブラドール）の散歩と週末のゴルフとソフトボールです。朝夕の車通勤で楽しみなのは、音楽を聴くこと。朝はともかく夜は空いていますから、愛車を飛ばして30分ほど、好きな音楽をかけながら帰ります。

すごく贅沢な時間だなと思いますが、いい気分転換になります。

高校入試で勉強をしていたころ、当時、ビートルズにはまっていたのですが、試験直前でも時間を30分確保して、その時間はすべてを忘れてビートルズを聴くことにしていました。

好きな音楽を聴く時間、あるいは本でもいいと思いますが、どんなに忙しくても、そういう時間は必ず確保しておいたほうがいい。

夕焼けなどの美しい光景を眺めるのも、ホッとします。花でもいいし、樹でもいいでしょう。

自然というものは、毎日変化します。季節によっても、まったく違った顔をしていきます。

それを眺める心の余裕は、とても大事だと思います。

また夜、私は星を眺めるのも好きです。夜空の星にロマンを感じながら、毎晩散歩をしています。

仕事で悩んでいても星を見ていると、無限の広がりと悠久の時を感じ、どうして小さなことにくよくよ悩んでいるのかと思います。

週末のゴルフやソフトボールでは、チームメイトには、上下関係もない。魚屋さんも商社マンも関係ない。私はユニフォームを着て、グラウンドに立って、大声を張り上げている時が、いちばん自分が自分らしく感じる時です。

そういう自然な自分を取り戻す場を持つことが、多忙に負けない秘訣というべきではないでしょうか。俗世間を離れた別世界、まさしく壺中の天を持つ必要があります。

## よりよく生きるための
## ポイント

▼敬語や社会常識を知らない若者が多い。最低限、敬語やマナーの知識は、身につけておくべき。

▼自らを運の強い人と考えるポジティブな人ほど、結果的に幸運にめぐり合うチャンスが多くなる。自分を信じて、自分は運が強いのだと言い聞かせながら生きていくように。

▼「ありがとう」という感謝の言葉は、相手にも自分にもエネルギーを与える言葉。言われてイヤな気分になる人はいない。

▼誰しも弱みと強みを持っているが、弱いところを無理に矯正することはない。ある年齢になったら強みを伸ばすことに専念したほうが賢明。

▼時間はもっとも貴重な資源。細切れ時間も有効に使い、戦略的に使うべき。ただ毎日の生活のどこかに、ホッとできる時間も必ず確保しておく。

▼よいミッションこそが熱いパッション（情熱）と素晴らしいビジョン（展望）につながる。

# 第5章

教養に関する悩み・疑問

## 根底に
## 「哲学」がないと、
## 経営も人生も
## 近視眼に
## なってしまいます。

若くして学べば、壮にして成すあり。
壮にして学べば、老いて衰えず。
老いて学べば、死して朽ちず

——佐藤一斎『言志四録』より

若いうちに学べは、大人になってから社会や人の役に立つ人間になれる。心身ともに成熟し、働き盛りの歳頃で学べば、いつまでも生き生きしていられる。歳をとってから学べば、精神は永遠に生きる。人としていかに生きていくかを知るためには、一生学び続けることが大切である。

はじめに●教養とは何か

# 人を知り、自分を知る。若いころから文学や歴史にできるだけ親しむ。

## ◉すぐには役に立たないが

20代30代の時、よくわからないなりに、ドラッカーなどのビジネス書を一所懸命に読んでいました。逆に、小説や文学などは司馬遼太郎さんの歴史小説を除いてほとんど読んでいませんでした。むしろ敢えて読まないようにしていました。小説は、単なる娯楽と同じではないか。仕事に役立てるというよりも、自分の楽しみだけの世界だ。そういうことは、もっと先の楽しみとして残しておこう、と考えていたのです。恋愛小説なども、ほとんど興味はありませんでした。

その後、単に経営書やビジネス書だけでなく、歴代首相の指南役と言われた安岡正篤さんを読み、陽明学にも親しみました。難解な中国の古典、論語なども読みました。経営者としてというよりは、人としてどう生きていくべきかを学ぶ読書でした。

つまり、私の勉強というのは、非常に目的合理性が強かったと思います。本を読むことの楽しみというより、何かの目的のために、本を読む。司馬遼太郎の小説もほとんど読みましたが、それを読む動機というのは、自分自身の志・ミッションを確かめたり、固めたりするため、ということであった気がします。不思議と転職が決まると『竜馬が行く』を読みたくなって、新しい会社でも奮起しようと決意していました。

ただ現在の私は当時の自分を思い出して、もっと幅を広くして読書体験すべきだったかなと思っています。

文学、哲学というものは、読んですぐに現実の役に立つものではない。小説を読んだからといって、すぐに役立つ知識が得られるわけではない。しかし、古今東西の小説には実に多くの人間が克明に描かれています。

私たちはそれを読むことによって主人公と同じ体験を疑似体験し、人間の持つ不可思議さの一端を理解するのです。とくに長い時間をかけて生き残り、多くの人々に読まれ続けてきた古典と呼ばれる文学作品には、人類の英知が詰まっていると言ってよいでしょう。

それに触れていくことは、人間的な深みを得るために必要であり、読み手の人間的な魅力を高めることにつながります。

人間は複雑で、難解です。その人間を描いた文学作品を読み、あるいは思想、哲学、歴史などを学んでいくことによって、結局私たちは「人間とは何か」の問いに出合い、それが「人を知ろう」とする契機になります。これはさらに突き詰めれば「自分自身を知る努力をする」ことにつながります。

わかっているようでわかっていないもの、それが実は「自分」です。「汝《なんじ》己《おのれ》自身を知れ」というギリシャの格言は、今なお深い意味を持っています。教養を深めることは、人を知り、自分を知るためにあると言って過言ではないでしょう。

その文学や哲学に親しむのは、できるだけ早いほうがいいということです。鉄は熱いうちに打て、です。若い時に獲得すれば、その人のモノの見方の基準になり、豊かな人間性の基礎になるはずです。

52

知恵と知識の違いはどこにありますか?

# 知識偏重は情報洪水に流される。知識を生活に活かす知恵こそ大切。

## ◉人として生きる方法

インターネットの発達で、知識はたいへんスピーディーにかつ大量に入手できる時代になりました。小学生でも中学生でも、インターネットを見ていますから、私たちの知らないような社会ネタなどもよく知っていて、雑学が豊富です。

ただ、雑学はあくまで雑学でしかない。簡単に入手できる情報は、簡単に消えていきます。明治維新から昭和までの日本は、欧米の知識をひたすら輸入していましたから、欧米の知識を持っているだけで大学の先生になれたものです。まさに、知識を持っている人、知識人が社会のエリートであったわけです。

しかし、知識はどれだけあってもそれを生かす知恵がないと、ほとんど価値を生じません。情報洪水に流されてしまうだけです。善悪の倫理観を持って取捨選択したり、いくつかの情報（知識）を集めて新しい別の情報にして生かしたり、という人間としての知恵がなくてはなりません。

知恵は、人間が長い歴史の中で育んできた、人としての生きるノウハウ、知識を生活に活用するノウハウですから、私たちの生活の根底にあるものです。この「根っこ」をどっしりと持つか持たないかによって、個人も集団も、その未来があるかないか、分けられてしまうはずです。

知恵を得るにはハウツー本を読んでもムダです。人々が歴史の中で積み重ねた哲学、文学、歴史、そうした分野を学ぶしかありません。

すこし遠回りに感じても古典と言われる文学に親しむ習慣をつけていきましょう。

53

どんな人を「教養のある人」と言うのでしょうか？

# 目の前のことに一喜一憂せず、高い視座を持った人。

## ◉悠久の時の流れの中で考える

欧米の優れた人の話を聴いていると、現代の経済問題を論じている時に、ギリシャ神話が出てきたり、ヨーロッパの中世史が出てきたりします。非常に長い歴史的な目で現在をとらえようとしている。それはどういうことかというと、可能な限り、現在の人間やその状況から離れて、大きな歴史の流れの中で今をとらえようとしているのだと思います。

つまり、悠久の時の流れのもとで人間や置かれている状況を常に考える、それが教養人の思考ではないでしょうか。今の自分から遠く離れると、実に客観的姿が捉えられるようになります。

目の前のことばかりにこだわって、近視眼的に物事を見て議論しても、真実をつかまえることはできません。

人類が営々と積み上げてきた文化の中、文学や哲学、歴史の大きな流れの中から捉えないと真実は見つからないと思います。だからこそ古今東西の文学、哲学、歴史を深く学び、そこから人間がどのように生きたらよいのかを汲み取ることができる人、それが私は教養人だと思います。

教養の豊かな人間というのは、悠々として目の前のことに一喜一憂せず、絶えず本質的なことを考えることができる人です。

かつては経済界の中にも、深い教養に裏打ちされた発言で日本を動かした人がいました。

教養があるからといって、功利的な生き方ではなく、世界の未来を見据えて明日の人間の生き方を考え続ける人をリーダーに持てた時代は、幸せな時代だったと言えるでしょう。

54

本との付き合い方は?

# よい本は、何度も繰り返して読む。そのたびに目からウロコが落ちていく。

## ◉論語、安岡正篤、ドラッカー…

もともと読書は好きだったのですが、とくにビジネス書にのめり込むように読むようになったのは、アメリカに留学してからです。ビジネススクールで学ぶ内容といえば、すべてスキル、知識です。何でもかんでも数字に落とし込んで、損か得かとそればかりを判断する。それはそれで、ビジネスをしていく上でとても必要なことではありますが、一方で何か物足りなさを感じていました。

それで長期の休みの時は、論語や陽明学などの中国古典をむさぼるように読んでいました。やはり数字だけのアメリカ型合理主義だけでは人は生きていけない、会社も経営できない。根底に哲学がないと、やっていけません。欧米の人たちも一流のビジネスマンたちは、私たちが中国古典を読むように、彼らはギリシャ哲学、聖書などの古典に接しています。

もともと私は、何かのきっかけで安岡正篤の高弟である伊藤肇の本を読んでいて、それで安岡正篤に行き、その本に出てくる中国古典の原典に当たりたくて、論語などに入っていきました。中国古典では、孔子の論語から始まって三国志、史記、王陽明の陽明学など、手当たり次第に読みました。

安岡さんの本は、内容や文章がとても難しい。内容がとても深いので、気合を入れないと読めないので、骨が折れます。講演録などは、比較的理解しやすいので、ぜひ一度、皆さんにも読んでもらいたいものです。

現代作家や思想家では、渡部昇一、大前研一、小室直樹、司馬遼太郎など、少人数ですけれども同じ人の著書を集中的に読みます。同じ作家のものを読むと、重なるところもありますが、大事なことなので繰り返し読んでいると著者の根底に流れる思想が頭に残っていきます。

海外の本では、ジム・コリンズの『ビジョナリー・カンパニー』(日経BP社)もいいし、ドラッカーの本も素晴らしいと思います。ドラッカーは経営者の経験がないのに、なぜこんな経営の本質的なことがわかるのだろうかと驚嘆します。

ただ若いころ読んでいて、私自身本当に実感を持って内容を理解していたかは疑問です。ただ眼で活字を追っていただけかもしれません。

ドラッカーの主張や提言の、本当の意味がわかったのは、私自身、社長業をするようになってからでした。まさに目から何枚のウロコが落ちたかわからないほどです。なぜこれほどの本質的なことが言えるのかと感動しました。

彼はいくつか、社会の行く末を暗示したり予言したりしていますが、人口問題もそうです。何十年も前に人口の推移を分析して、高齢化社会の到来を暗示しています。これは現在、日本で大きな問題となっている年金問題にもつながります。人口の減少はたいへん深刻な問題ですが、日本の政府は手をこまねいて、移民を受け入れるなどといった有効な手を打つことをしなかった。彼の言うことに耳を傾けて準備しておけば、今とはずいぶん状況が違ったと思います。

私は本を読む時には、黄色のラインマーカーを手にして、後でもう一度考えたい部分、感心したところなどにラインを引きますし、ちょっとこの考えには疑問だなと思うところには「?」を書き込みます。また、最近は著者の考え方をそのまま受け入れるのではなく、欄外に自分の考えをメモするようにしています。

次に私がこれまでに読んできたお勧めの本をご紹介しますので、ぜひご参考になさってみてください。

・『ビジョナリー・カンパニー1・2』（ジェームズ・コリンズ著／日経ＢＰ社）
・『リーダーシップの旅』（野田智義・著／光文社新書）
・『経営者の条件』（Ｐ・Ｆ・ドラッカー・著／ダイヤモンド社）
・『BODY AND SOUL』（アニータ・ロディック著／ジャパンタイムズ）
・『スターバックス成功物語』（ハワード・シュルツ著／日経ＢＰ社）
・『スターバックスを世界一にするために守り続けてきた大切な原則』（ハワード・ビーハー著／日本経済新聞出版社）
・『活眼活学』（安岡正篤・著／ＰＨＰ研究所）
・『言志四録』（佐藤一斎・著／講談社学術文庫）
・大前研一の著作全般／渡部昇一の著作全般／小室直樹の著作全般
・『竜馬が行く』、『坂の上の雲』など司馬遼太郎の著作全般

55

何年やっても英語が身につかない。効果的な勉強法とは？

# 音読して耳をならす。単語に始まり単語に終わる。

## ◉動機づけをしっかりと

これはどんな勉強も同じだと思いますが、まず「何のためにやるのか」という目標の明確化と動機づけをきちんとしておくことです。留学するのか、海外旅行の英会話なのか、ビジネス英語なのか、それによって勉強の仕方が違ってきます。外国語ですから、相当な時間をかける覚悟がないとものになりません。

私はビジネススクール留学のために、TOEICの得点で300点台から900点まで伸ばした経験があるのですが、2年かかりました。その2年間、それこそ死ぬほど勉強しました。朝昼晩、英語漬けで、土日も、全部英語に充てていました。その結果900点取れて、結果的に留学でき、人生の一大転機になりました。何千時間という時間を英語に費やすだけの覚悟と動機がないとものになりません。いつまでに何点を取る、いつどの大学に留学する、といった明確な目標の設定が不可欠です。

次に教材です。

昔は教材がなくて、英語のよいテープを探すのに苦労しました。今は、ユーチューブがあります。中には英語のスクリプトのあるものもありますから、これは絶対に活用すべきです。

また、NHKの語学番組は、基礎英語（1）（2）、英会話入門、英会話中級、英会話上級など、レベルによって分かれています。番組もよくできていて、教材も安価です。これも絶対にお勧めです。

## ◉音読して耳をならす

外国語の勉強でいちばんの難点は、ヒアリングです。ヒアリングがわかれば、相手が何を言っているのか理解できますから、コミュニケーションはかなり楽になります。

どうやって耳をならすのかですが、私自身実践して実感したのは、自分でアメリカ人になったつもりで発音することです。たとえばLとRの違いは、耳で聞くだけだとなかなかわかりませんでしたが、自分で意識して発音するようになって、聞き分けられるようになりました。

少し誇張して、自分が外国人になったつもりで英語の本を音読するのも、効果があります。

このことは英語達人の勉強法に書いてあったことなのですが、実践してみて、正しいことがわかりました。

それから究極的に英語の力は、身につけた英単語の量だということです。釣りはフナに始まってフナに終わると言いますが、同じように単語に始まって単語に終わるのが英会話です。

確かにちょっとした単語がわからないと、全体が意味不明になることはよくあることです。全体の文脈から類推しろという人もいますが、ペーパーテストならいざ知らず、会話ではそれはムリ。単語をたくさん知っているに限ります。

「単語に始まって単語に終わる」です。

# 第5章
## 教養に関する悩み・疑問

根底に「哲学」がないと、
経営も人生も近視眼になってしまいます。

◎教養を身につけるための
ポイント

▼知識の量を誇ることは意味がない。知識に知恵の光を当て、生きる糧にできる人が賢い人。

▼本を読み考えることで、知識だけでなく、よりよく生きる知恵が得られる。たくさん読むというよりも、自分に合った良書を何度も繰り返して読む。読むたびに新しい発見がある。

▼教養の豊かな人は、大きな時間の流れで物事を見ることができる人。そのため歴史物や古典を読むように心がける。

〈著者紹介〉

**岩田松雄**（いわた・まつお）

1958年、大阪府生まれ。大阪大学経済学部卒業後、1982年に日産自動車株式会社に入社。生産、品質、購買、セールスマンから財務など幅広い業務を経験し、1992年カルフォルニア大学アンダーソンスクールに留学する。その後、ジェミニ・コンサルティング・ジャパン（1995年）を経て、日本コカ・コーラ株式会社（1997年）にて常務執行役員となる。2000年には、ゲーム会社の株式会社アトラスの代表取締役となり、三期連続赤字だった企業を業績回復させる。その後も、2003年には株式会社タカラで常務取締役、2005年には株式会社イオンフォレスト（ザ・ボディショップ）の代表取締役社長に就任する。ここでも、店舗数を107店舗から175店舗に拡大、売り上げも67億円から約140億円にほぼ倍増させた。2009年には、スターバックスコーヒージャパン株式会社のＣＥＯに就任。「100年後も光り輝くブランド」を掲げ、2010年度に1016億円という過去最高売り上げを達成する。これらの業績が認められ、ＵＣＬＡビジネススクールが卒業生3万7000人の中から選出する“100 Inspirational Alumni”に選ばれる（日本人は4名）。現在は、リーダーシップコンサルティング代表として、次世代のリーダーや経営者の育成に注力している。

主な著書に『ミッション』（アスコム）、『「ついていきたい」と思われるリーダーになる51の考え方』（サンマーク出版）、『スターバックスＣＥＯだった私が社員に贈り続けた31の言葉』（中経出版）、『リーダーに贈る言葉』（セカンド・オピニオン）などがある。

**「今日こそ、会社を辞めてやる」と決める前にやるべき55のこと**

2013年4月5日　初版第1刷発行

著　者　岩　田　松　雄

発行人　佐　藤　有　美

編集人　渡　部　　周

ISBN978-4-7667-8541-8

発行所　株式会社　経　済　界

〒105-0001　東京都港区虎ノ門1-17-1

出版局　出版編集部☎03（3503）1213

出版営業部☎03（3503）1212

振替 00130-8-160266

http://www.keizaikai.co.jp



印刷　㈱光　邦